LE
PROBLÈME SOCIAL

PAR

M. RENUCCI, Capitaine en retraite.

PARIS MARS 1872

PARIS

E. DENTU, LIBRAIRE-ÉDITEUR

Palais-Royal, 17-19, Galerie d'Orléans

1872

LE

PROBLÈME SOCIAL

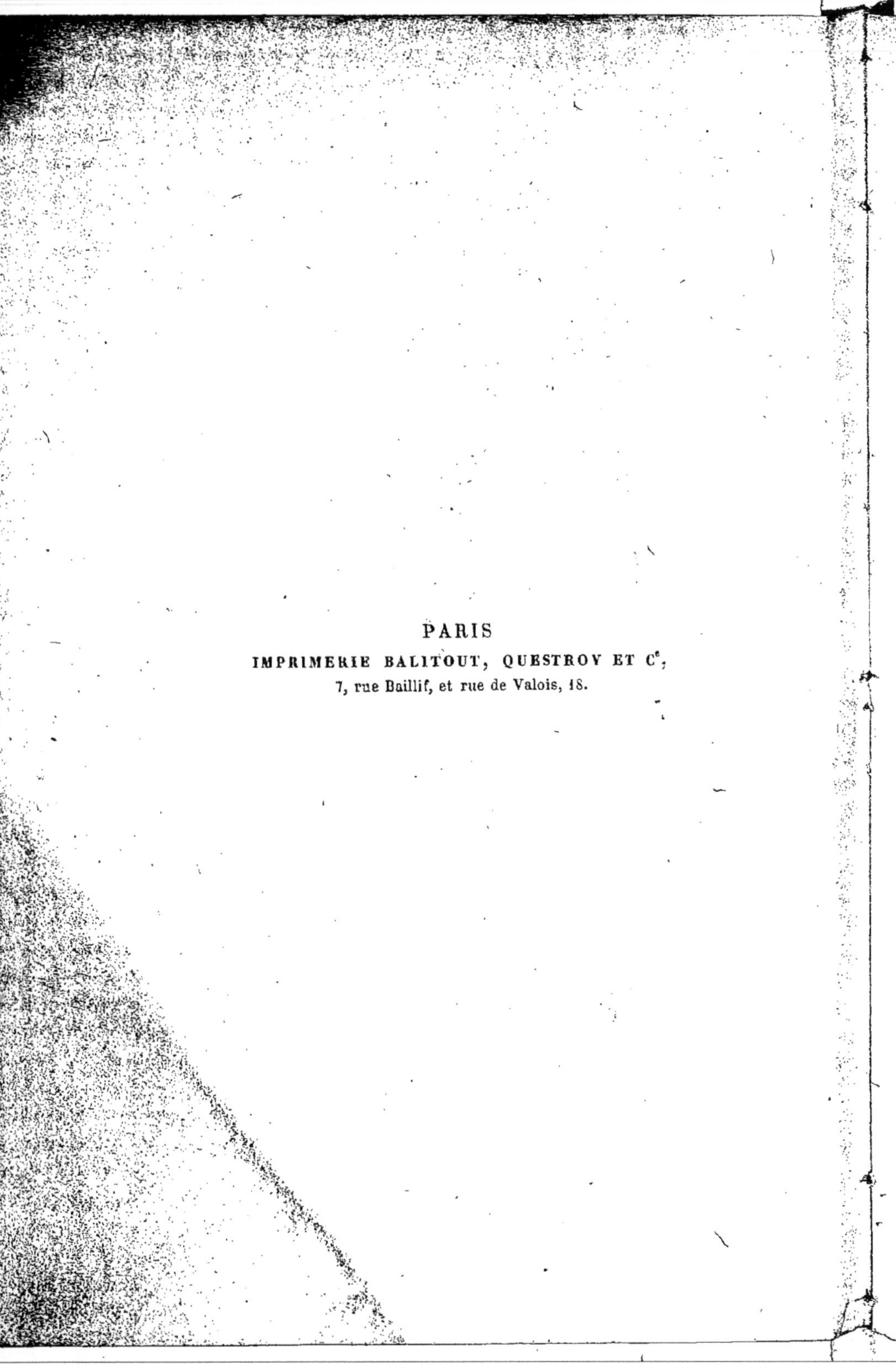

PARIS

IMPRIMERIE BALITOUT, QUESTROY ET Cᵉ,

7, rue Baillif, et rue de Valois, 18.

[illegible handwritten note]

PROBLÈME SOCIAL

PAR

M. RENUCCI, Capitaine en retraite.

PARIS, MARS 1872

PARIS

E. DENTU, LIBRAIRE-ÉDITEUR
Palais-Royal, 17-19, Galerie d'Orléans

1872

AVANT-PROPOS

———

C'est pour le mieux dans le meilleur des mondes! Telle est la devise de beaucoup de gens.

Ce n'est pas la mienne.

Je considère l'humanité comme se trouvant encore à l'état de barbarie. Il me semble que je vis dans un monde insensé et infâme.

L'idée fondamentale du système social que je vais exposer peut se résumer ainsi :

Association universelle en extension et en intensité sous une seule direction centrale, c'est-à-dire association tendant à embrasser, dans une parfaite unité, tous les hommes du globe et toutes les industries utiles à l'homme. Ou encore : l'humanité devenant un seul État et l'État devenant une agence industrielle dont tous les hommes seraient les associés et les agents.

L'humanité deviendra grande et heureuse dans la mesure où elle s'approchera de l'association universelle; elle restera dégradée et malheureuse dans la mesure où elle se maintiendra à l'état d'individualisme politique et industriel.

C'est la loi fatale et invincible de la nature des choses!

LE

PROBLÈME SOCIAL

PREMIÈRE PARTIE

ASSOCIATION UNIVERSELLE

I

PROPOSITIONS GÉNÉRALES.

1° Les royautés et les noblesses sont des monstruosités morales qui témoignent d'un sens moral encore très-grossier chez les peuples qui les engendrent et les supportent. Elles établissent arbitrairement une supériorité de nature et de destinée chez certaines familles et une infériorité de nature et de destinées chez toutes les autres. Elles font des maîtres et des valets. La nature, elle, n'établit de priviléges en faveur d'aucune famille sous le rapport de la valeur morale, intellectuelle et physique de ses générations ; elle mettra un grand homme dans le berceau du pauvre et jettera un homme complétement nul dans le berceau des rois.

2° Les noblesses et les royautés sont des absurdités économiques qui grèvent les peuples d'impôts et entravent le progrès social loin de le seconder. Quand les royautés sont absolues, les passions ou les visées insensées d'un seul homme peuvent gaspiller le sang et les richesses d'un peuple et l'écraser sous des désastres et des calamités de toutes sortes.

3° L'ordre moral et l'ordre économique veulent que la direction sociale soit confiée aux hommes les plus capables et les plus honorables, n'importe de quelle famille ils sortent, et qu'on puisse à tout instant faire appel à leur responsabilité s'ils viennent à démériter ou à prévariquer.

4° Il y a absurdité morale et économique à conférer un pouvoir public à des hommes sans se réserver constitutionnellement le droit et les moyens pratiques de le leur retirer, dès l'instant qu'ils se montrent indignes ou incapables de l'exercer. C'est s'exposer à être ruiné et maltraité par des maîtres qu'on s'est fait soi-même d'une manière insensée.

5° La nature des choses pose la véritable société humaine comme un contrat implicite entre des individus de tout sexe, de tout âge et de toutes générations, dont le sens juridique naturel s'exprime par une *association industrielle* et par une *association d'assurance mutuelle*. L'association industrielle et l'association d'assurance mutuelle sont exclusives de toute idée de communisme.

6° La finalité d'un système social doit tendre en principe et en fait, à assurer au plus haut degré possible le bien de tous les membres de la société.

7° Le véritable et complet bien de l'homme est de sa nature triple, et il consiste dans son développement moral, dans son développement intellectuel et dans son développement physique. Le plaisir n'est pas le bien, il en est la conséquence naturelle. Tout plaisir qui n'est pas la conséquence du bien n'est que le résultat d'une débauche physique ou d'une perversion morale; c'est le plaisir qui accompagne la dégradation.

8° Le développement moral intellectuel et physique de l'homme est en raison de la quantité et de la qualité de l'alimentation morale, intellectuelle et physique qu'on lui donne. En tant qu'effet utile, la finalité d'un système social s'apprécie donc d'après la mesure où elle assure, d'une façon positive, chacune de ces alimentations.

9° L'homme n'est bien alimenté physiquement qu'autant qu'il dispose et use du confortable en fait de nourriture, d'habillement et de logement. Il n'est bien alimenté intellectuellement qu'autant qu'on lui enseigne les sciences, les beaux-arts, et une profession industrielle. Il n'est bien alimenté moralement qu'autant qu'on lui enseigne la morale absolue (morale naturelle), la morale positive (religions et législations) et la morale modale (règles du savoir vivre).

10° La valeur de la finalité d'un système social est donc d'autant plus grande qu'elle assure davantage à chacun toutes ces alimentations et qu'elle les assure avec moins de travail.

La finalité du système social que j'expose assure ces diverses alimentations à tous les individus de l'un et l'autre sexe, dans la mesure où elles sont assurées aujourd'hui aux classes riches de la société. Elle supprime le paupérisme et l'ignorance, la misère physique et la misère morale, et elle fait disparaître la criminalité et la prostitution en tant que conséquences de ces deux misères.

Cette somme de biens pour tous les hommes découle naturellement de l'association universelle dans l'ordre politique, dans l'ordre industriel et dans l'ordre de l'assurance mutuelle.

II

UNE HYPOTHÈSE.

Afin de pouvoir développer le nouvel ordre social en dehors des complications économiques de la société existante et en partant uniquement des lois primordiales de la nature humaine et de la nature physique, admettons l'hypothèse d'un naufrage dans une île inhabitée, et supposons :

1° Que l'île où l'on fait naufrage est une nouvelle Amérique, un nouveau monde sans habitants, mais fertile et où existent les plantes et les animaux de toutes les espèces connues.

2° Que sur le bâtiment qui se perd sur cette île inhabitée il y a assez de personnes de tout âge et de tout sexe pour donner naissance à une colonie ;

3° Qu'il se trouve sur ce bâtiment des savants, des artistes, des industriels, etc., possédant dans leur ensemble toutes les connaissances qui constituent le patrimoine actuel de l'esprit humain.

4° Qu'il y a sur ce bâtiment les outils et les instruments industriels de première nécessité pour permettre aux naufragés de procéder immédiatement à l'établissement des diverses industries.

En un mot, supposons que ce bâtiment est une sorte d'arche de Noé de la civilisation actuelle. C'est avec ces éléments premiers que nous allons fonder le nouvel ordre social.

Cette hypothèse facilite l'exposition du système et permet au lecteur de la saisir dans la pureté de son essence.

Le passage de la société existante à la nouvelle société est une question d'une autre nature qui soulève des problèmes particuliers. Elle sera traitée dans la seconde partie de cet écrit.

La constitution sociale de la nouvelle colonie sera la suivante :

III

CONSTITUTION SOCIALE DE LA COLONIE.

TITRE I

PRINCIPE FONDAMENTAL DE LA CONSTITUTION SOCIAL DE LA COLONIE.

ART. 1. — Le principe fondamental de la constitution sociale est *l'association universelle dans l'ordre politique, dans l'ordre industriel et dans l'ordre de l'assurance mutuelle.*

TITRE II

ORDRE POLITIQUE.

(J'ai traité cette question il y a peu de temps dans une brochure intitulée : *Pétition relative à une constitution politique adressée à l'Assemblée nationale* (Dentu, libraire-éditeur). Il est inutile de reproduire ici ce travail.)

TITRE III

ORDRE INDUSTRIEL.

Art. 2. — La terre, les eaux et leurs productions spontanées constituent un fond social indivis et exploité socialement. Elles ne pourront jamais faire l'objet d'une propriété privée.

Art. 3. — La société organise et exploite l'universalité des industries utiles, celles qui ont pour objet une production matérielle comme celles qui ont pour objet une production immatérielle.

Art. 4. — La Société agit exclusivement avec les ressources sociales qu'elle possède ou qu'elle crée et n'admet jamais de propriétés ou de capitaux privés dans ses opérations industrielles.

Art. 5. — La Société embrasse implicitement les individus de tout âge, de tout sexe, de toutes générations et elle les constitue ses agents et ses bénéficiaires, soit à titre de membres d'une société industrielle, soit à titre de membres d'une société d'assurance mutuelle.

Art. 6. — Toute la production sociale s'opère au moyen d'organismes producteurs créés par la Société et constitués de manière à réaliser le plus grand effet utile possible avec le moins de travail possible.

Art. 7. — Les frais généraux de l'administration sociale sont compris dans les frais de production de l'industrie sociale. Il ne sera établi par conséquent aucune espèce d'impôt direct ou indirect.

Art. 8. — Chacun est de droit membre et agent de la Société industrielle. Les fonctionnaires reçoivent des appointements fixes; les ouvriers reçoivent des salaires suivant la quantité et la qualité du travail qu'ils exécutent, et tout le monde, sans distinction de condition, d'âge et de sexe reçoit une égale part du bénéfice social.

Le bénéfice social est le produit net de l'action industrielle, c'est-à-dire ce qui reste après le solde de toutes les dépenses de la Société.

Art. 9. — Toutes les fonctions industrielles sont données au concours, tout travail est donné à la libre concurrence à ceux qui justifient de l'aptitude voulue pour l'exécuter. L'apprentissage d'une profession ou d'un métier est compris dans l'éducation de la jeunesse.

Art. 10. — Il sera spécialement réservé à la femme les branches industrielles d'ordre physique et d'ordre intellectuel qui conviennent le mieux à son sexe, de manière à lui permettre de vivre de son propre travail aussi bien que l'homme et indépendamment de l'homme.

Art. 11. — La Société est le producteur universel; elle crée avec la plus grande économie possible de travail tout ce qui est nécessaire à l'alimentation physique, intellectuelle et morale de l'homme ; mais elle s'abstient de toute réglementation de la vie individuelle ; chacun est libre de choisir la profession ou le métier qui lui convient, de travailler ou de se reposer, d'étendre ou de restreindre sa consommation, de s'habiller, de se nourrir et de se loger à sa guise ; elle ne juge et redresse la conduite de l'individu que dans le cas où il nuit à ses semblables ou viole les lois de l'ordre public.

Art. 12. — La Société encourage par des prix et protége par des brevets d'invention l'industrie spéculative des individus et des associations particulières dans toutes les sphères de l'activité humaine ; mais elle exclut et empêche par des obstacles directs ou indirects toute entreprise privée ayant pour but de fonder et d'exploiter une industrie classique.

L'industrie spéculative est celle dont les produits n'ont ni types, ni moyens de production déterminés. Elle naît des spéculations du génie privé qui crée soit de nouveaux types, soit de nouveaux moyens de production pour des types connus, soit de nouveaux types et de nouveaux moyens de production ensemble. Cette espèce d'industrie reste plus ou moins longtemps une propriété privée sous forme de propriété industrielle, artistique, littéraire, etc. Elle est garantie à ceux qui la créent par une législation protégeant ce genre de propriété. Cette espèce d'industrie ne devient classique et ne rentre dans l'industrie sociale que par l'achat ou l'expiration des droits des inventeurs. Si l'intérêt social l'exige, la Société peut exproprier d'office les inventeurs moyennant indemnité fixée par un jury.

L'industrie classique est celle dont les produits sont à types et à moyens de production déterminés. Cette espèce d'industrie se réduit à une reproduction de types et de moyens industriels déjà tombés dans le domaine public. C'est la seule qui de droit, comme de fait, puisse être exclusivement exploitée par la Société.

L'industrie spéculative des individus assure le progrès; l'industrie classique de la Société assure la puissance de la production et le bien-être général.

Art. 13. — La production sociale est réglée comme quantité et comme espèce d'après la demande de la consommation courante et d'après le complet des approvisionnements de réserve jugés nécessaires pour faire face aux années de disette.

Art. 14. — Chaque individu consomme suivant ses moyens, ses désirs et ses goûts. La Société ne pose ni règles, ni limites à ce sujet. Elle tient les marchés constamment approvisionnés de tout, et livre ses produits à prix fixe et invariable pour tous.

Tout individu a le droit d'exiger de la Société qu'elle lui confectionne, tel objet qu'il indique et qu'il décrit et dont le type ne se trouve pas encore dans la production sociale. La Société doit obtempérer immédiatement à la demande et livrer l'objet au prix qu'il aurait eu s'il avait été confectionné avant cette demande. Tout individu a encore le droit d'exiger de la Société qu'elle lui loue à un prix calculé sur la perte ou la dépense occasionnée à l'industrie sociale, tout atelier, tout local, tout terrain, toute matière première nécessaires à ses essais ou à ses productions d'industrie spéculative.

TITRE IV

ORDRE DE L'ASSURANCE MUTUELLE

Art. 15. — L'assurance mutuelle a pour but de venir en aide à l'individu dans tout état d'impotence constitutionnelle ou accidentelle. Les états d'impotence constitutionnelle sont l'enfance et la vieillesse; les états d'impotence accidentelle sont l'infirmité et la maladie.

Art. 16. — En vertu de l'assurance mutuelle, la Société assure à l'individu tout ce qui est nécessaire à son état spécial d'impotence.

Les besoins de l'état d'enfance sont : l'entretien matériel, l'éducation intellectuelle et morale, l'apprentissage d'une profession industrielle. Cet état peut être considéré comme commençant à la naissance et finissant à dix-huit ans.

Les besoins de l'état de vieillesse sont : l'entretien matériel. Cet état peut être considéré comme commençant à soixante ans et finissant à la mort.

Les besoins de l'infirmité et de l'état de maladie sont : l'entretien matériel et les soins médicaux qu'exige la nature de l'infirmité ou de la maladie. Ces deux états n'ont pas de limites fixes.

Art. 17. — La Société fixe, sauf en ce qui concerne l'espèce et la quantité de soins et de médicaments, le taux d'entretien journalier nécessaire à chaque état spécial d'impotence, mais elle ne concourt à l'entretien matériel des individus que dans la mesure où leur part du bénéfice social du moment ne s'élèverait pas jusqu'à ce taux.

Art. 18. — L'entretien matériel et les soins médicaux sont fournis aux individus à domicile ou dans les établissements publics de la Société, en tenant compte à la fois de leurs désirs et de la nature des soins que leur état exige.

Art. 19. — Le bénéfice de l'assurance mutuelle est acquis à toutes les personnes qui se trouvent dans un des états d'impotence sus-mentionnés, quelle que soit leur propre fortune ou la fortune de leurs familles. Dans le cas dont il s'agit, la Société ne fait pas une aumône, elle satisfait un droit prévu et résultant d'une situation donnée.

L'assurance mutuelle n'est pas plus la charité que le communisme. La charité est sans doute la plus sublime des vertus, mais si elle honore celui qui la fait, elle humilie souvent et oblige toujours celui qui la reçoit. La mission de la Société est de mettre chacun de ses membres en position de n'avoir jamais à la demander.

Quant au communisme, c'est l'outrecuidante prétention des fainéants, des ineptes et des indignes, non-seulement de se poser en égaux des gens de travail, d'intelligence et d'honneur, mais encore de se faire entretenir par eux.

IV

EXAMEN DES BASES MORALES DE CE PROBLÈME SOCIAL.

Les bases morales de ce système social sont simples et irréprochables. Elles sont une expression des vraies notions de justice et des sentiments élevés de la nature humaine.

Elles sont une expression des sentiments élevés de la nature humaine, parce qu'elles tendent à constituer l'humanité en une seule famille, à élever et à grandir tous les hommes et à ne laisser aucune impotence et aucune souffrance sans un secours efficace.

Elles sont une expression des vraies notions de justice, parce que leurs stipulations ne font que consacrer et appliquer les principes de droit consacrés et appliqués dans les sociétés industrielles et dans les sociétés d'assurance d'aujourd'hui.

L'association universelle a sans doute, dans l'ordre industriel comme dans l'ordre de l'assurance, une objectivité plus étendue et plus importante que celle de ces sociétés ; mais cette différence dans l'étendue et l'importance de l'objectivité n'implique et ne constitue aucune différence dans les principes juridiques.

La constitution sociale stipule que tous les hommes, sans distinction d'âge ou de sexe, sont compris dans l'association universelle ; que toutes les fonctions sont données au concours, sans privilége pour personne ; que tout le travail est donné à la libre concurrence, sans privilége pour personne ; que chaque fonctionnaire est rétribué suivant l'emploi qu'il exerce ; que chaque travailleur est rétribué suivant la quantité et la qualité de travail qu'il exécute ; et que tous les sociétaires reçoivent une égale part du bénéfice social. Peut-on trouver dans ces dispositions une violation des vrais principes juridiques ou un écart de sens moral ?

La constitution sociale stipule encore que la terre où sont jetés les naufragés, n'appartenant encore à personne, n'ayant encore reçu l'empreinte du travail de personne, et par conséquent appartenant à égal titre à tout le monde, restera un fonds social indivis pour le plus grand bien de tous. Cette disposition viole-t-elle le droit de qui que ce soit ? On ne saurait le prétendre.

La constitution sociale stipule enfin qu'aucun capital privé n'est admis comme agent de production dans l'association universelle. Cette disposition est parfaitement fondée en droit. On ne saurait prétendre que, plus que les individus, la Société ait l'obligation d'employer et de payer des capitaux particuliers dont elle peut se passer.

Sans doute l'individu ne pouvant plus être un entrepreneur industriel parce que la Société se substitue à lui dans toute industrie classique, ne pouvant plus être un propriétaire foncier et un capitaliste financier, n'a plus aucun moyen de se créer des rentes et de vivre somptueusement du travail d'autrui, mais ce petit inconvénient est grandement compensé par le bien-être assuré à tout le monde.

Dans ce système social le capitaliste disparaît sous toutes ses formes, mais il disparaît sans aucune violence, sans aucune spoliation ; il disparaît parce qu'il n'a plus de place ni d'emploi dans la vie économique de la Société ; il disparaît par voie d'élimination organique. Je ne pense pas qu'il soit jamais regretté par la justice distributive et le sens moral.

Dans l'ordre de l'assurance mutuelle, la constitution sociale stipule que toutes les impotences constitutionnelles et accidentelles sont secourues par la Société suivant la nature et l'étendue de leurs besoins. On acceptera sans peine l'assurance mutuelle pour les cas d'infirmité et de maladie, mais on admettra peut-être plus difficilement cette assurance en ce qui concerne l'enfance et la vieillesse ; elle pourra sembler dégénérer ici en une sorte de communisme. L'homme adulte et valide, c'est-à-dire le vrai producteur, pourra dire avec une apparence de raison :

Par cette espèce d'assurance mutuelle, on me prend une grande partie du fruit de mon travail pour entretenir des enfants et des vieillards que je ne connais pas, et dont leurs familles peuvent et doivent s'occuper plus que moi ; on en désintéresse celle-ci pour les mettre à ma charge.

Supposons que ce langage est tenu par un homme de la troisième ou la quatrième génération de la nouvelle Société (cette hypothèse est faite dans le but de donner à la réponse toute sa valeur logique),

Je lui réponds : Le vieillard que vous entretenez en ce moment était adulte, valide et producteur quand vous étiez enfant; il a entretenu votre enfance et vous ne faites que lui rendre ce qu'il vous a donné. L'enfant que vous entretenez en ce moment sera adulte, valide et producteur quand vous serez vieillard et il va vous rendre plus tard ce que vous lui donnez en ce moment. Dans chacun de ces cas, vous ne faites que rendre autant qu'on vous a donné, ou donner autant qu'on vous rendra.

L'assurance mutuelle a lieu ici entre individus de différentes générations, et elle se réduit à un égal échange de services ; échange de services qui assure l'alimentation physique, intellectuelle et morale de chacun et de tous, c'est-à-dire le bien-être et la grandeur de l'humanité.

V

VUE GÉNÉRALE DU DÉVELOPPEMENT SOCIAL DE LA NOUVELLE COLONIE.

Reprenons l'hypothèse d'un naufrage sur une terre inhabitée, et supposons que les naufragés, au lieu de s'établir à l'état d'individualisme, ce qui conduirait à l'état social d'aujourd'hui, se constituent en association universelle d'après les principes posés dans la constitution que je viens d'esquisser.

Dès l'instant que les naufragés adoptent le système de l'association universelle, la logique naturelle des choses veut qu'ils créent immédiatement autant d'organismes producteurs qu'il y a de grandes branches industrielles. Ces organismes seront les divers ministères en germe, et ils se développeront et se perfectionneront ensuite dans la mesure où la colonie s'étendra géographiquement, augmentera en population et grandira son industrie.

Il ne saurait être question de présenter ici l'organisation détaillée et technique des divers ministères sociaux et des divers organismes industriels ; c'est là une œuvre organique trop secondaire et trop étendue pour pouvoir rentrer dans le cadre de ce travail. Il suffit de prouver que ce système social est d'une incontestable praticabilité et que sa fécondité assure le bien-être matériel et la grandeur morale de la population de la colonie, quelque développement qu'elle puisse prendre.

Le premier organisme social à créer est celui de l'agriculture. Nous admettons que les naufragés ont des approvisionnements pour l'année, mais il faut qu'ils songent immédiatement à préparer des récoltes pour assurer les subsistances de l'année suivante, et pour constituer un approvisionnement de réserve destiné à faire face à toute disette ultérieure.

Les agronomes qui se trouvent parmi les naufragés seront donc chargés d'organiser l'agriculture sociale. Dans les conditions de l'association universelle, le problème qu'ils ont à résoudre devient celui-ci :

1° Effectuer annuellement la production nécessaire à l'alimentation de la population de la colonie en cultivant les meilleurs terrains environnants et en se servant de l'outillage dont on dispose ; 2° élaborer un plan général d'agriculture sociale de nature à produire le plus de richesses possible, avec le moins de travail possible, et susceptible d'être réalisé progressivement. Ce plan serait basé sur les principes suivants :

1° Création de grands établissements et de grandes exploitations agricoles ; 2° demander à chaque terrain les productions qui conviennent le mieux à sa nature ; 3° emploi de plus en plus général des machines dans les divers travaux d'agriculture.

Cette manière de procéder est simple, naturelle et logique, et on ne saurait la trouver impraticable sur aucun point, et à aucun égard.

L'expression plastique de l'industrie agricole , c'est-à-dire la manière dont elle affectera le sol sera bien différente de celle de la société actuelle. Au lieu d'être couvert de cultures parcellaires opérant avec des outillages imparfaits, surannés et disparates, et de bâtiments-bicoques, le sol sera couvert de grandes exploitations agricoles opérant avec un outillage perfectionné et toute la puissance de la mécanique, et de grands bâtiments dont les proportions seront en rapport avec l'étendue des exploitations et les moyens d'action de la Société.

Le second organisme social à créer est celui de l'architectonique (art de construire les édifices et les villes). Les architectes et les ingénieurs qui se trouvent parmi les naufragés seront chargés d'organiser l'industrie de l'architectonique sociale. Dans les conditions de l'association universelle, le problème devient celui-ci :

1° Construire des bâtiments provisoires avec les matériaux et les moyens dont on dispose dans le moment pour assurer le logement à toutes les personnes de la colonie ; 2° élaborer le plan d'une ville sociale, propre à réaliser tous les avantages d'agrément et d'utilité qu'on peut demander à une ville, et susceptible d'être exécuté progressivement.

L'architectonique sociale comprend la construction et la conservation de toutes les villes, de tous les villages, et de tous les bâtiments industriels. Ses caractères sont les suivants :

1° Tous les bâtiments d'une ville, d'un village, d'un établissement industriel, appartiennent à la Société, et chacun a une destination propre et déterminée.

2° Le plan de la ville sociale est calculé et arrêté d'avance d'après le nombre et la destination des bâtiments, et l'ensemble de la cité forme un tout systématique, un seul monument, où le beau architectural s'allie aux conditions d'utilité.

3° Les bâtiments qu'on doit admettre dans la ville sont : 1° tous les bâtiments de l'administration sociale ; 2° tous les bâtiments domiciliaires ou bâtiments-logements ; 3° tous les bâtiments-hôtels ; 4° tous les bâtiments-magasins ; 5° tous les bâtiments-marchés ; 6° tous les bâtiments industriels dont le voisinage n'est ni incommode, ni insalubre, et dont la forme architecturale peut être mise en harmonie avec celle des autres constructions.

4° Les bâtiments qu'on doit exclure de la ville sont les bâtiments industriels incommodes par leur bruit, ou insalubres par leurs émanations, et les bâtiments industriels dont les dimensions et les formes spéciales ne permettent pas de les mettre en harmonie avec les autres.

5° La ville doit réaliser les utilités suivantes : distribution de l'éclairage et des eaux à l'intérieur et à l'extérieur des bâtiments ; — distribution du calorique à l'intérieur des bâtiments ; — distribution de l'air de ventilation à l'intérieur des bâtiments ; — cadrans électriques à l'intérieur et à l'extérieur des bâtiments ; — voies souterraines pour le transport ou l'écoulement des immondices ; — rues-boulevards où l'on puisse établir à la fois des trottoirs, une voie ferrée et une voie pour les voitures ; — bâtiments avec cours et jardins à l'intérieur ; — tous les bâtiments à arcades et reliés entre eux par des ponts couverts jetés sur les rues-boulevards, afin qu'on puisse parcourir toute la ville à l'abri de la pluie, du soleil, de la boue et de la poussière.

6° Comme expression utilitaire, les villes sont le foyer où se concentrent et se distribuent toutes les richesses nécessaires à l'alimentation physique, intellectuelle et morale des hommes. Elles varient en importance suivant qu'elles sont chefs-lieux de subdivisions territoriales plus ou moins considérables.

7° Le village ne peut et ne doit être que la réunion des bâtiments centraux d'un certain nombre d'exploitations agricoles ou manufacturières. Dès lors la structure d'un village, tout en réalisant le mieux possible les formes et les commodités de la ville, variera suivant la nature et l'importance des établissements industriels qui le constituent.

8° L'expression plastique de l'architectonique sociale différera donc du tout au tout de celle de la société actuelle. Le sol sera constellé : 1° d'une ville capitale ; 2° d'autant de villes régionales qu'il y aura de régions ; 3° d'autant de villes départementales qu'il y aura de départements ; 4° d'autant de villes cantonales qu'il y aura de cantons ; 5° d'un nombre variable de villages par canton ; 6° d'un nombre variable de bâtiments industriels disséminés sur le territoire de chaque village. Villes, villages et établissements isolés présenteront des formes, des proportions et des commodités inconnues à la société actuelle.

Le troisième organisme social à créer est celui de l'industrie maritime. L'industrie maritime sera organisée et exploitée socialement en ce qui concerne la pêche, les transports et les correspondances. La marine de guerre cesse d'avoir une raison d'être.

Le quatrième organisme social à créer est celui de l'industrie alimentaire. Les établissements de bouillon Duval à Paris présentent un faible spécimen des établissements de même nature de l'association universelle, sauf que ces derniers seront directement approvisionnés de tout par d'autres industries sociales, au lieu d'être approvisionnés par l'industrie privée.

Il serait inutile et trop long d'énumérer tous les organismes sociaux à créer. Ce qui vient d'être dit suffit pour donner une idée exacte de la manière dont s'organisent, dans le système de l'association universelle, toutes les productions, qu'elles aient pour objet des produits matériels ou des produits immatériels.

Je laisse le soin au lecteur compétent de poursuivre lui-même l'organisation de l'association universelle dans toutes les sphères de l'activité humaine et d'en examiner toutes les conséquences immédiates et éloignées. Il trouvera que le système est praticable en tout point et que ses conséquences réalisent le bien-être et la grandeur de l'humanité, et les mettent pour toujours à l'abri de toute perturbation et de tout cataclisme.

VI.

PRIX DES PRODUITS DE L'INDUSTRIE SOCIALE.

Dans l'industrie sociale, le prix des produits ne saurait être établi d'après le principe de l'offre et de la demande comme dans l'industrie privée.

Dans l'industrie privée, le prix des choses résulte du débat contradictoire qui s'établit entre l'offre et la demande, c'est-à-dire entre le vendeur et l'acheteur. Les deux parties ne sont guidées que par leur intérêt privé. Le vendeur cherche à vendre le plus cher possible, et l'acheteur à acheter au meilleur marché possible. Aucun des deux ne cherche à établir le prix d'après la valeur intrinsèque du produit. Sauf le cas de crises économiques, la concurrence dans l'offre et la concurrence dans la demande, empêchent qu'une des parties n'impose des conditions léonines à l'autre.

Le prix des choses ne peut être établi de cette manière dans l'industrie sociale. En premier lieu, la Société n'ayant aucun intérêt égoïste à satisfaire, ni aucun bénéfice individuel à réaliser, n'a aucune raison de surfaire le prix des produits. En second lieu, si elle voulait surfaire ce prix, il n'y aurait aucune concurrence pour l'en empêcher.

Dans l'industrie sociale le prix des produits dont la matière première est illimitée, sera uniquement établi d'après la quantité et la qualité du travail qu'exige leur création, c'est-à-dire d'après les frais de production naturels. Le prix des produits dont la matière première est plus ou moins limitée, sera établi d'après les frais de production avec une taxe additionnelle, de nature à harmoniser la demande de la consommation avec les moyens de production. Les produits, dont la matière première est plus ou moins limitée, sont les vins de certains crus, les pierres précieuses, etc. Il est des produits dont la matière première est illimitée, mais qu'on ne peut créer néanmoins que dans une proportion limitée ; ainsi la matière première des maisons est illimitée, mais les logements de premier étage, à vue agréable, et de parfaite exposition, ne peuvent être qu'en proportion limitée. Le prix de ces logements devra être, par conséquent, établi comme celui des produits à matière première limitée, c'est-à-dire d'après les frais de production avec une taxe additionnelle.

Pour arriver à établir le prix des produits de cette manière, il faut déterminer une unité de mesure pour chaque espèce de produit, comparer les diverses unités de mesure ensemble sous le rapport de la quantité et de la qualité de travail qu'elles représentent, et sous le rapport de l'abondance ou de la rareté de leur matière première. Par cette comparaison on établira le rapport de valeur de ces diverses unités de mesure. En prenant une de ces unités de mesure pour unité de valeur, et en y rapportant toutes les autres unités de mesure, on aura le prix de celles-ci par rapport à la valeur de celle-là. Si l'unité de mesure qu'on a prise pour unité de valeur est par exemple cette quantité d'argent qu'on appelle *franc*, la valeur de toutes les autres unités de mesure pourra être exprimée en francs et en fractions de franc.

Dans l'industrie sociale le prix d'un produit donné doit être le même sur tous les marchés de la société. Les frais de transport des produits du lieu de leur production aux marchés les plus éloignés seront compris dans les frais de production de l'ensemble des produits de même espèce. C'est poser en principe que tous les membres de la Société, quelque pays qu'ils habitent, doivent jouir des biens des contrées naturellement riches, à l'égal des habitants de ces contrées. Il n'y aura d'exception à cette règle que pour les produits lourds et d'un transport trop onéreux comme la houille, et pour les produits dont la conservation ne peut aller au-delà de quelques jours, tels sont beaucoup de fruits et beaucoup de légumes.

Dans ce système social, le prix des produits doit être toujours établi d'après la quantité et la qualité du travail qu'exige leur production, et jamais d'après le prix de ce travail. La quantité et la qualité de travail qu'exige la production d'un objet, ne varient qu'avec les progrès industriels, et restent par conséquent les mêmes durant des périodes de temps assez longues. Le prix du travail, au contraire, varie forcément d'un moment à l'autre par une foule de circonstances éventuelles. En fixant les produits de la sorte; il n'y a lieu de rectifier ces prix que quand des progrès industriels amènent des changements dans la quantité et la qualité de travail employé à la production des produits. Quant aux variations du prix du travail, elles affecteront uniquement la répartition des produits, en ce sens que si le travail est cher, les travailleurs prendront une plus forte part de la production sociale et le bénéfice social sera d'autant moindre, et que si le travail est à bon marché, les travailleurs prendront une plus faible part de la production sociale et le bénéfice social sera d'autant plus grand.

VII

SYSTÈME MONÉTAIRE DE LA NOUVELLE COLONIE.

Un système monétaire est parfait quand la monnaie vaut et achète la même quantité de richesses en tout temps, en tout lieu et dans toutes les transactions, et quand il permet à l'administration sociale d'émettre facilement et à peu de frais telle quantité de monnaie qu'exigent les besoins de la circulation et le jeu de la vie économique.

Un tel système monétaire est possible dans l'association universelle, — je ne dis pas dans la société actuelle ; — ce sera le système monétaire de la nouvelle colonie. Pour en bien faire saisir les lois et les fonctions, nous admettrons les données suivantes :

1° La cargaison du bâtiment naufragé a été sauvée ;

2° Cette cargaison appartenait à une compagnie quelconque et aucun des naufragés n'y était intéressé particulièrement ; elle appartient donc à égal titre à tout le monde ;

3° Cette cargaison se compose d'une grande quantité de denrées alimentaires, de meubles, de matières premières et de semences de toute espèce, d'outils et de machines de toute sorte. Par les ressources de cette cargaison, les naufragés se trouvent approvisionnés de tout pour un an et possèdent un outillage industriel suffisant pour procéder à une nouvelle production.

Voilà quels sont les éléments économiques de la nouvelle colonie.

Mais la vie économique ne peut fonctionner et se développer qu'au moyen d'une monnaie destinée à représenter les valeurs et à solder les services. Il en faut immédiatement une à la colonie, et la première question à résoudre est celle du choix de la matière première de la monnaie et du choix de l'unité monétaire.

La matière première de la monnaie sera le papier ou tout autre produit sans valeur. L'unité monétaire sera constituée ainsi qu'il suit :

On établira, conformément à ce qui a été dit dans le paragraphe précédent, le rapport de valeur des unités de mesure des divers produits entrant dans la consommation générale, et on déterminera le prix de chacune de ces unités de mesure par rapport à l'unité de mesure appelée franc.

En admettant que ces diverses unités de mesure évaluées en francs vaillent ensemble 3,000 francs, on conviendra que l'unité monétaire s'appellera *franc*, quelle que soit d'ailleurs sa matière première, et que sa valeur sera toujours la trois millième partie ($\frac{1}{3000}$) de la valeur des unités de mesure considérées. Si par suite des progrès industriels il y a lieu de modifier les prix de quelques unités de mesure, les prix de toutes les autres unités de mesure considérées seront harmonisés avec ceux des premières, de manière que la valeur nominale de l'ensemble des unités de mesure considérées soit toujours 3,000 francs, et que le franc soit toujours

$\frac{1}{3000}$ de la valeur de ces unités de mesure. Le franc unité de monnaie cessera alors de représenter le franc unité de mesure, c'est-à-dire la quantité d'argent qui constitue le franc. Mais la monnaie achètera toujours la même quantité de richesses puisque son unité reste toujours $\frac{1}{3000}$ de la valeur de l'ensemble des unités de mesure considérées au début.

Une telle manière de procéder n'offre aucune difficulté parce que le prix des choses, au lieu d'être établi comme dans la société actuelle par le jeu de l'offre et de la demande et fixé par l'administration sociale d'après la quantité et la qualité de travail qu'exige leur production, sauf une taxe additionnelle pour les produits trop demandés et dont la production est limitée.

En résumé : 1° cette monnaie sera invariable dans sa valeur parce qu'elle achètera toujours la même quantité de choses utiles ; 2° cette monnaie aura cours sur tous les marchés sans donner lieu à aucun agio, parce que tous les marchés sont tenus et approvisionnés par la société ; 3° les émissions de monnaie se feront sans frais et sans difficulté parce que la matière première de la monnaie étant illimitée et sans valeur, les émissions se réduiront à l'impression d'une quantité plus ou moins grande de titres.

Appliquons ce système monétaire à la vie économique de la colonie.

La cargaison du bâtiment appartient à égal titre à tout le monde. Tout ce qui est outillage industriel, semences et en général élément de production industrielle restera propriété sociale. Toutes les choses de consommation individuelle seront partagées entre les naufragés.

Mais le partage des choses de consommation individuelle ne saurait être fait en nature ; on le fera donc en valeurs monétaires et chacun achètera dans les magasins de la société ce qu'il lui plaira au fur et à mesure de ses besoins.

Supposons que cette dernière partie de la cargaison, évaluée en monnaie, s'élève à la somme de 1,200,000 francs. La population de la colonie étant de 1,000 individus, la part de chacun sera de 1,200 francs, et chacun pourra dépenser, durant l'année, à raison de 100 francs par mois, plus à raison de ce qu'il gagnera mensuellement comme partie prenante de la production courante.

La quantité de monnaie à émettre par l'administration sociale devient donc 1,200,000, plus la somme de monnaie nécessaire à l'administration pour payer les dépenses afférentes au premier mois de l'année industrielle qui commence. Les dépenses des autres mois pourront être payées avec les rentrées provenant de la consommation publique. Admettons qu'il faille pour le solde de ce premier mois un douzième de la première somme, c'est-à-dire 100,000 francs. La quantité de monnaie à émettre sera donc de 1,300,000 : c'est la somme de monnaie qu'exigent les besoins économiques du moment.

Le point de départ financier est donc celui-ci : L'avoir en caisse de l'État est de 100,000 francs et chaque individu a par devers lui une somme de 1,200 francs comme fortune particulière.

L'égalité actuelle de l'avoir financier des individus est un fait exceptionnel relatif au point de départ, mais qui va immédiatement disparaître, parce que les uns dépenseront plus pour leur consommation et les autres dépenseront moins ; les uns gagneront plus dans la production, les autres gagneront moins. Au bout de quelques années, les uns auront augmenté leur avoir dans une mesure plus ou moins grande et les autres auront perdu le leur en partie ou en totalité.

Examinons à présent le fonctionnement de la vie économique de la colonie.

L'administration commence par établir le budget industriel de l'année en déterminant d'un côté la quantité et l'espèce des produits qu'elle veut produire et de l'autre côté la quantité et l'espèce de travail dont elle a besoin pour effectuer cette production.

La production annuelle se divise naturellement en deux parties : l'une comprend tous les produits de consommation individuelle, destinée à l'alimentation physique, intellectuelle et morale des hommes, l'autre comprend tous les produits qui constituent le capital industriel et les diverses matières premières de l'industrie. Cette seconde partie reste toujours à l'état de propriété sociale ; elle n'est inventoriée et évaluée en monnaie que pour mémoire et pour avoir un compte exact de ce bien social. La première partie est inventoriée et évaluée en monnaie et sur le montant de sa valeur on paie par mois : 1° les appointements de tous les fonctionnaires ; 2° les salaires de tous les ouvriers ; 3° les dépenses qui concernent l'assurance mutuelle ; 4° le reste se distribue à titre de bénéfice social à tout le monde. Les marchés de la société sont constamment approvisionnés de la production de consommation individuelle et chacun achète et s'alimente suivant ses goûts et suivant ses ressources monétaires.

La production de consommation individuelle est fixée chaque année d'après les besoins prévus et en calculant sur des récoltes moyennes. Si ces récoltes sont au-dessous de la moyenne, les approvisionnements de réserve comblent le déficit, si elles sont au-dessus, le surplus va aux approvisionnements de réserve. Se basant sur la compensation qui s'établit entre les bonnes et les mauvaises années, l'administration distribue invariablement chaque année la valeur de la production moyenne portée au budget industriel. En disant que l'administration distribue la production, j'entends que l'administration après avoir payé les appointements, les salaires, les assurances, distribue un bénéfice social comme si la production moyenne avait été effectivement réalisée. Et comme la distribution de la production a lieu par mois, la production moyenne est annuellement distribuée avant de connaître le résultat de la production réelle.

La production pourra subir et subira certainement des déchets dans les magasins sociaux. Ces déchets seront considérés comme un déficit de récolte et réglés de la même manière dans les comptes de la gestion annuelle. En pratique, l'administration sociale tient compte de tout ce qui peut affecter en plus ou en moins la production moyenne qu'elle porte au budget industriel, et elle fixe annuellement le montant de cette production moyenne d'après ce qu'exigent l'approvisionnement des marchés et l'entretien des magasins de réserve. Il faut remarquer que toute perte ou tout profit concerne uniquement la société. Quant au personnel de l'administration sociale, il se compose de fonctionnaires qui sont payés comme tels et qui n'ont jamais rien à perdre ou rien à gagner dans le déficit ou dans la plus-value des productions.

Les productions annuelles devant être limitées à ce qui est nécessaire à l'alimentation de la population existante, et l'emploi des machines et des bonnes méthodes industrielles devenant de plus en plus général, l'administration sociale n'aura besoin pour effectuer ces productions que d'une quantité de travail de plus en plus réduite ; elle ne pourra occuper journellement qu'une partie plus ou moins grande des ouvriers. Ce fait qui, dans la société actuelle, est une cause de souffrances pour la classe ouvrière, devient dans l'association universelle une source de bien-être pour cette même classe et pour tout le monde. En effet, si le travail offert par l'administration est relativement peu considérable, il provoquera la concurrence des ouvriers parce que chacun voudra travailler et gagner au moins dans une certaine mesure comme ouvrier. Cette concurrence fera baisser le prix du travail. Le travail employé à la production annuelle étant à bas prix et peu considérable, la somme attribuée aux ouvriers sera peu élevée et celle attribuée au bénéfice social sera d'autant plus grande. Le bénéfice social constituera alors pour chacun une sorte de revenu suffisant pour le faire vivre convenablement. Or, — il ne faut pas le perdre de vue, — la production matérielle que la société effectue chaque année est fixée de manière à faire largement face à tous les besoins de la consommation, et le montant intégral de sa valeur est mis annuellement entre les mains du public soit comme appointements, soit comme salaires, soit comme primes d'assurance, soit comme bénéfice social. Donc, en poussant le raisonnement à l'extrême le jour où la production pourrait s'opérer avec peu de fonctionnaires et peu d'ouvriers, la part du bénéfice social de chacun serait un revenu assez élevé pour lui permettre de pourvoir amplement à sa consommation et de consacrer tout son temps à son développement intellectuel et moral. Le bénéfice social dépassant le taux d'entretien alloué aux impotences, l'assistance donnée en vertu de l'assurance mutuelle se bornerait aux soins médicaux.

Ce fait que l'économie de travail humain agit comme une calamité dans la société actuelle et comme un bienfait dans la nouvelle société prouve déjà que la première est mal fondée et que la seconde est bien fondée.

A côté de l'industrie classique de la société dont on vient de voir l'organisation et le mode de production, il y a l'industrie spéculative de l'individu, qui produit à sa guise et suivant la fécondité de son génie. Elle exprime et réalise le progrès dans tout ordre de choses. La société l'encourage, loin de la contrarier. Les agents de cette industrie sont les écrivains, les artistes et les inventeurs. Ils sont payés de leur production par le public et dans la mesure où le public apprécie et achète leurs produits.

L'industrie spéculative est essentiellement individualiste, et le prix de ses produits s'établit d'après la loi de l'offre et de la demande. Les prix des produits de l'industrie sociale, au contraire, sont fixés à l'avance d'après la quantité et la qualité de travail qu'exige leur production et restent invariables jusqu'au moment où des progrès industriels dans les moyens de production de certains produits ou d'autres causes commandent un nouvel établissement général des prix des divers produits ; mais ce nouvel établissement doit être fait, — cela a déjà été dit, — de manière que l'unité de monnaie achète, après, la même fraction de produits qu'elle achetait avant.

Quel est dans le système de l'association universelle le rapport qui doit exister entre la quantité de monnaie en circulation et le chiffre de la population pour assurer le parfait fonctionnement de la vie sociale ? Cette question est importante, parce que la monnaie en circulation doit répondre à deux conditions essentielles : 1° elle doit fournir à l'administration sociale le moyen de répartir la production générale entre les ayant-droit à mesure qu'elle s'effectue ; 2° elle doit fournir aux particuliers le moyen de prendre sur le marché social les produits nécessaires à leur consommation et de se constituer tel avoir de réserve qu'ils jugent convenable. Un sentiment de prévoyance porte tous les gens d'ordre à se constituer un pécule pour faire face à toute éventualité. Un avoir en réserve est une sorte d'indépendance matérielle pour soi et pour les siens. On ne donne à sa consommation toute son étendue naturelle qu'après s'être assuré cet avoir de réserve. Si la quantité de monnaie en circulation est insuffisante pour permettre la formation et l'existence normale de cet avoir de réserve, la consommation restera relativement contrainte et ne prendra jamais son développement naturel. En dehors de la cause monétaire, le mouvement de la consommation et par suite de la production s'arrête au moment où le consommateur trouve que la satisfaction que procure l'usage des produits ne compense pas la peine qu'il y a à se le procurer. C'est un jugement qui varie suivant le tempérament physique et moral des individus. En thèse générale, moins pénible sera l'acquisition des produits, plus grande sera leur consommation.

Il est difficile de déterminer à *priori* quel est le rapport qui doit exister entre le chiffre de la population et la quantité de monnaie en circulation. L'expérience seule pourra bien décider cette question. Mais je ne pense pas que ce rapport doive s'éloigner de beaucoup de celui qui existe entre les mêmes éléments de la colonie au début de la vie sociale. Ce rapport est d'une moyenne de 1,200 francs par individu ou 1,200,000 pour 1,000 individus plus $\frac{1}{12}$ de cette dernière somme dans les caisses de l'administration sociale pour solder les dépenses sociales du premier mois. Dès que la vie sociale commence, ces caisses sont constamment alimentées par les rentrées que donne la vente journalière des produits de consommation.

D'après cette proportion, quand la population de la colonie aura atteint le chiffre de 10,000 âmes, la quantité de monnaie en circulation devra être 12,000,000 + $\frac{12,000,000}{12}$ au 13,000,000 ; quand la population sera de 100,000,000 d'âmes, la quantité de monnaie en circulation devra être de 130,000,000,000 de francs.

Je l'ai déjà fait remarquer, l'égalité de l'avoir de réserve des individus disparaîtra dès le premier moment; au bout d'un certain nombre d'années les uns pourront posséder 100,000 francs tandis que les autres pourront ne rien avoir. Cependant cette inégalité ne pourra jamais dégénérer, comme dans la Société actuelle, en pléthore chez certaines classes, et en atrophie chez certaines autres. Les accumulations, quelque grandes qu'elles puissent être, s'évanouissent à la mort de ceux qui les ont faites parce qu'elles ne peuvent s'alimenter par un revenu quelconque; ceux qui en héritent les consomment plus ou moins rapidement. Les dissipations, quelque désordonnées quelles puissent être, ne peuvent jamais priver du nécessaire ni ceux qui les font ni leurs familles, parce qu'ils trouvent une alimentation, soit dans leur travail, soit dans le bénéfice social, soit dans les secours de l'assurance mutuelle.

Comment versera-t-on dans la circulation la quantité de monnaie correspondante à l'augmentation de la population?

On relèvera annuellement l'augmentation de la population, et on distribuéra annuellement la somme de monnaie correspondante sous forme de bénéfice social. D'ailleurs, la production annuelle augmente comme la population.

Comment pourra-t-on diminuer la quantité de monnaie en circulation si l'expérience démontre qu'il y en a trop?

En retenant annuellement une partie des titres qui représentent le bénéfice social.

Dans l'un et l'autre cas la justice distributive est satisfaite, parce que l'on donne ou l'on retient également à tous.

On reconnaîtra qu'il y a trop de monnaie en circulation si l'avoir de réserve des ouvriers est généralement élevé et s'ils en profitent pour exiger un prix exagéré de leur travail. Cette situation influerait d'une manière fâcheuse sur la production et la répartition de sa valeur. La part des salaires s'élèverait outre-mesure, et la part du bénéfice social deviendrait très-faible.

Afin de permettre aux individus de mettre leur avoir financier à l'abri de toute perte accidentelle, on les admettra à changer leur avoir monétaire contre une inscription équivalente sur les registres de crédit public tenus par l'administration sociale. Tout versement et tout retrait de fonds sera taxé d'un faible droit, afin de couvrir les frais de ce service. Bien entendu la Société ne reçoit et ne conserve qu'un dépôt et ne paie aucun intérêt au déposant.

VIII

ÉTAT MATÉRIEL, INTELLECTUEL ET MORAL DE L'HOMME DANS LA NOUVELLE SOCIÉTÉ.
— FLÉAUX QUI DISPARAISSENT.

Etat matériel. — L'homme est d'autant plus riche et heureux qu'il peut se procurer plus de bien avec moins de travail. La nouvelle société résout ce problème pour tous. La production est portée au plus haut degré de puissance et de fécondité par la vertu de l'association et par l'emploi de moyens industriels de plus en plus parfaits. La distribution des richesses s'opère constitutionnellement de façon à alimenter tous les membres de la Société, même ceux qui sont incapables de prendre aucune part à la production. La consommation a lieu dans son étendue naturelle parce que chacun est assuré, quoi qu'il arrive, des moyens d'existence du lendemain pour lui et pour les siens, et que nul n'a plus à penser à se faire un revenu en capitalisant. Le capital n'existe plus ; on peut tout au plus songer à amasser un avoir de réserve pour soi ou pour les siens.

Il est impossible de se faire une idée, même approximative, de l'économie de travail réalisée par l'association universelle. Indépendamment de l'économie directe, c'est-à-dire celle réalisée par un système industriel mieux organisé et plus puissant, opérant en tout et partout sans aucune déperdition de forces, il y a l'économie indirecte qui résulte de la suppression des armées, des marines de guerre, des douanes, des octrois, de la perception des impôts directs et indirects, des financiers, des commerçants, etc. (Il n'y a plus de commerçants ni de boutiquiers, parce que les produits sociaux vont directement et par voie administrative de l'établissement de production à l'établissement de transformation et de celui-ci au marché.)

L'homme peut se procurer, moyennant un travail modéré, tout ce qui est nécessaire à une existence matérielle confortable. Son sort dépend plus de lui-même que du plus ou moins de biens qui pourront lui arriver de ses parénts. Le travail étant acheté par la société à la libre concurrence, chacun peut travailler, et la question du droit au travail se trouve résolue. La femme se trouve dans les mêmes conditions que l'homme à ce sujet. La société lui réservera les branches de travail qui conviennent à son sexe et à ses forces, de manière qu'à défaut de l'assistance d'une famille, elle puisse se suffire à elle-même. Elle a d'ailleurs une part du bénéfice social égale à celle de l'homme. En cas de maladie ou d'impotence industrielle provenant de n'importe quelle cause, l'individu de l'un ou l'autre sexe est soigné et, s'il y a lieu, entretenu aux frais de la société en vertu de la loi d'assurance mutuelle.

État intellectuel. — En vertu de cette même loi d'assurance mutuelle, tous les enfants de l'un et l'autre sexe reçoivent une instruction et une éducation aussi considérables, sinon plus, que celles qui sont données aujourd'hui aux classes élevées de la société. Le milieu social se composera donc exclusivement de personnes ayant de l'instruction et de l'éducation.

État moral. — Par l'aisance matérielle et par l'instruction intellectuelle on fait disparaître le paupérisme et l'ignorance, c'est-à-dire la misère du corps et la misère de l'âme. Avec le paupérisme et l'ignorance disparaissent, dans la mesure où ils les engendrent, les deux grandes dégradations de l'humanité, la prostitution et la criminalité.

La femme recevant une instruction et une éducation aussi soignées que celles de l'homme, les relations conjugales et les mœurs de famille s'élèveront partout à ce bon ton, à ce bon goût et à ces délicatesses par lesquels les individus se rendent réciproquement heureux dans la vie intime du toit domestique.

Cette plèbe ignorante, grossière et misérable qui constitue aujourd'hui la grandissime majorité de l'humanité disparaîtra pour faire place à un milieu social où aucun être humain ne se trouvera déshérité d'une part des richesses matérielles, intellectuelles et morales qui font le bonheur et la grandeur de l'homme dans ce monde et qui lui préparent des titres à des destinées plus élevées dans un autre.

Fléaux qui disparaissent. — Plus de guerres. L'union sociale de tous les peuples exclut toute guerre entre eux.

Plus de famine. La production des subsistances est réglée de manière à avoir des approvisionnements de réserve afin de pouvoir compenser le déficit des mauvaises années par l'abondance des bonnes années. De plus, les mauvaises récoltes d'une contrée sont compensées par les bonnes récoltes d'une autre contrée.

Plus de perturbations industrielles ou financières qui altèrent le cours de la vie économique et qui privent à l'improviste les classes, ouvrières de travail et par conséquent de moyens d'existence.

Plus de détresses frappant les ouvriers des industries où, par suite du progrès, le travail des machines se substitue au travail de l'homme. Toute réduction de travail humain équivaudra au contraire à un bienfait immédiat pour tous.

Plus de jeux de bourse où des fortunes se font et se perdent, d'une manière immorale et scandaleuse, dans un seul jour.

Plus de parasites commerciaux et capitalistes, plus d'usure mobilière ou foncière. Ces parasites et cette usure sont constitutionnels dans l'ordre social actuel, leur exclusion ou plutôt leur élimination est constitutionnelle dans le nouvel ordre social.

— Mais, dira-t-on, dans ce système social il manquera toujours à l'homme une des plus grandes satisfactions, celle d'avoir une maison à lui, bâtie à sa guise, et d'avoir une terre à lui, aménagée et cultivée à son gré.

— Sont-elles donc bien malheureuses toutes ces personnes qui vivent à Paris de leurs revenus et qui n'y possèdent ni maisons ni terres ; n'y trouvent-elles pas des appartements meublés ou non meublés à leur goût, et n'y trouvent-elles pas toutes les satifactions et tous les plaisirs qu'elles peuvent désirer ?

— On répondra : à Paris on a affaire à l'industrie privée qui s'ingénie à varier ses produits et à satisfaire tous les goûts, tandis que dans la ville sociale on aura affaire au despotisme gouvernemental et à l'arbitraire administratif qui se soucieront fort peu du goût du public et des désirs des individus.

— Despotisme gouvernemental ! arbitraire administratif ! Deux choses terribles, en effet, et que les peuples ont raison de redouter et d'avoir en horreur, tant ils en ont souffert et en souffrent encore ! Mais ne pourrait-on pas détruire à jamais ces deux choses malfaisantes, et mettre à leur place deux autres choses bienfaisantes, *la providence gouvernementale et la providence administrative ?* Rien de plus facile. Les hommes n'ont qu'à commencer par avoir un certain respect d'eux-mêmes et à cesser de se faire les sujets et les valets de quelques-uns de leurs semblables qui ne valent pas mieux qu'eux et qui, trop souvent, valent beaucoup moins. Cela fait, les hommes du gouvernement et de l'administration deviennent de simples délégués ou de simples employés de

la société, et celle-ci les renvoit dès qu'ils font preuve d'incapacité ou de mauvais vouloir, les punit et les flétrit dès qu'ils commettent des actes de despotisme ou des abus d'autorité. Dans ces
conditions, l'administration sociale ne manquera jamais de bien
servir le public, et le public pourra toujours l'y forcer si elle négligeait de le faire. Il est cependant un despotisme qui doit être
accepté par tous, c'est celui du vrai et du juste, c'est celui de
l'*ordre*.

IX

LA LOI DE MALTHUS.

La loi de Malthus peut se résumer ainsi :

Le mouvement naturel de la population, si rien ne contrarie son
cours, tend constamment à dépasser le mouvement des subsistances, quelle que soit l'énergie de la production.

Pour donner une idée approximative du rapport de ces deux
mouvements, Malthus dit que la population se développe suivant
une progression géométrique, tandis que les subsistances ne se
développent que suivant une progression arithmétique. Il en conclut que les hommes doivent modérer le mouvement de la population par des moyens préventifs, sinon la nature la modérera et
la tiendra au niveau des subsistances par des moyens répressifs.

Les moyens préventifs consistent à prévenir les naissances
quand on n'a pas de moyens suffisants pour nourrir les enfants.
Ils se réduisent à trois : 1° ne pas se marier et garder la chasteté;
2° pratiquer la continence dans le mariage; 3° pratiquer l'onanisme dans le mariage. Le troisième moyen n'a pas été proposé
par Malthus, mais il a été admis par des économistes et il est
d'ailleurs pratiqué dans les hautes classes de la société.

Les moyens répressifs consistent dans la mortalité qui frappe
les enfants et les parents réduits à la misère et soumis à toutes les
maladies qu'engendre la misère.

Outre que les moyens préventifs ci-dessus indiqués sont contraires aux lois naturelles ou immoraux, ils seraient sans aucune efficacité pratique dans la nouvelle société, parce qu'en vertu de l'assurance mutuelle tous les enfants sont élevés aux frais de l'État. L'homme et la femme n'ont donc aucune raison de s'abstenir de l'état de mariage ou de limiter le nombre de leurs enfants.

Il résulte de là que, d'après la loi de Malthus, la population de la nouvelle société atteindra, dans un temps plus ou moins éloigné, le chiffre où il ne lui sera plus possible de se procurer la quantité suffisante de subsistances, quelles que soient la puissance de son industrie et l'étendue du territoire qu'elle occupe. Il y aurait à ce moment misère pour tous.

La loi de Malthus est basée sur un fait incontestable pour le temps et le milieu où il a été observé ; mais la généralisation de ce fait à tous les temps et à tous les milieux pour le transformer en une loi absolue est un procédé logique qui est loin d'être rigoureux.

Je n'ai pas la preuve, mais j'ai le sentiment et la conviction d'un ordre absolu dans l'économie universelle ; je crois que l'humanité terrestre a sa limite de développement constitutionnel, et que cette limite atteinte, sa croissance physique, c'est-à-dire numérique, s'arrêtera graduellement et naturellement. Le problème de la destinée finale de l'humanité terrestre ne dépend pas seulement des lois fatales d'une physiologie animale, il engage les lois morales providentielles, et on peut admettre jusqu'à preuve contraire que les choses sont réglées avec assez de prévoyance et de sagesse pour qu'il n'arrive à l'incarnation dans cette humanité que le nombre d'âmes que comporte sa destinée bien ordonnée et la quantité de subsistance que peut lui fournir son globe.

En tout cas, la nouvelle société peut créer des subsistances dans une mesure autrement grande que la société actuelle. Dans celle-ci, le producteur ne cultive une terre qu'autant que cette terre lui promet le remboursement des intérêts du capital qu'il y engage, et un bénéfice en rapport avec son propre travail. C'est ce qui fait que même dans les pays où les progrès industriels sont très développés, beaucoup de terres pauvres restent en friche.

Dans la nouvelle société il n'y a plus ni capital, ni intérêt du capital, et la culture des terres pourra être opérée jusqu'à la limite où le produit de la terre sera suffisant pour fournir à un homme la subsistance d'un jour moyennant un jour de travail. La culture des mauvaises terres pourra même être portée jusqu'à y consacrer tout le travail des hommes non occupés dans les autres industries, pourvu que les produits de cette culture augmentent dans une mesure quelconque la somme totale des subsistances sociales.

En résumé, la nouvelle organisation sociale permet de cultiver toute la surface du globe comme on cultive un jardin.

X

CONSIDÉRATIONS GÉNÉRALES.

Dans le système social que je viens d'esquisser, il y a deux choses qu'il faut distinguer et qu'il faut éviter de confondre, le système lui-même et l'organisation du système.

L'organisation du système est une œuvre immense, et qui demande une foule de connaissances spéciales et techniques. Je ne l'ai considérée que dans ses principes fondamentaux, et en tant qu'explication et démonstration du système. Ce que j'en ai dit suffit cependant pour en faire saisir le plan général et pour ne laisser aucun problème organique à résoudre.

Quant au système, je crois en avoir assez bien exposé l'économie, et parfaitement prouvé la justesse et la fécondité. L'aveuglement et la passion pourront l'attaquer ; je ne crains pas que la critique sérieuse le renverse. Aux routiniers qui crieraient à l'utopie ! je répondrai que l'utopie, — et, malheureusement pour l'humanité, c'est une utopie réalisée, — se trouve dans l'état social actuel.

Si ce système est vrai, il en résulte que la condition malheureuse des hommes sur cette terre n'est pas due à une invincible nécessité de la nature des choses, mais bien à leur aveuglement intellectuel et à leur aveuglement moral, à leur ignorance et à leur indignité.

L'humanité sortira-t-elle bientôt de cette situation misérable et abjecte ?

Il faut l'espérer !

En tout cas, par la manière dont l'Internationale et la Commune de Paris viennent de poser la question sociale à la bourgeoisie, celle-ci est mise en demeure de la résoudre sous peine de mort violente. Une question ne présente aucun danger tant qu'elle n'agite que le cerveau de quelques penseurs ; c'est autre chose quand elle s'incarne dans le peuple et anime les masses. Dès ce moment, si elle n'est résolue par les gouvernements dans le sens du progrès et conformément à la justice et à la vérité, elle devient une puissance aveugle et violente qu'on peut comprimer et écraser un certain temps, mais qui finit par triompher de tout obstacle, et se résout un jour par une catastrophe.

Que la bourgeoisie ne se fasse aucune illusion ! Dans les luttes sociales le peuple est de sa nature invincible ; les victoires qu'on remporte sur lui sont éphémères ; à chacune de ses défaites il puise de nouvelles forces dans son sang et dans ses souffrances. Il a d'ailleurs aujourd'hui une autre voie que la violence pour arriver au pouvoir, il a le suffrage universel qu'on ne peut plus songer à lui arracher.

Qu'on profite du temps qu'on a devant soi ! L'idée socialiste n'est encore puissante que dans les villes ; qu'on n'attende pas qu'elle ait conquis les campagnes ! A dater de ce moment, on ne pourrait plus dominer la situation, et au lieu d'une solution pacifique et féconde, on aurait un dénouement tragique et désastreux.

Les solutions scientifiques sont dans les attributions des gouvernements et dans les devoirs des classes éclairées ; le peuple est incapable d'aucune solution sage ; les ruines fumantes des monuments de Paris et le massacre des otages, qu'on ne doit jamais perdre de vue, disent assez comment il résoudrait la question si elle tombait entre ses mains.

DEUXIÈME PARTIE

TRANSFORMATION SOCIALE

Il ne suffit pas de reconnaître qu'un état social est vrai et qu'un autre est faux pour pouvoir passer immédiatement et sans difficulté de l'un à l'autre.

Une société existante, aussi fausse qu'elle soit, est un organisme vivant, de la vie duquel vivent plus ou moins bien tous les individus qui la composent. Détruire cet organisme avant la génération parallèle et progressive d'un nouvel organisme social, où les individus puissent s'alimenter, ce serait priver ceux-ci de toute condition d'existence.

Il résulte de là que le passage de l'ancienne à la nouvelle société doit s'opérer, non par une destruction préalable de la première, mais par sa transformation progressive, et de façon que le nouvel organisme social absorbe peu à peu tous les éléments vivants de l'ancien.

Voici le mode de transformation qui me paraît le plus convenable :

On créera, à côté de l'organisme social existant et sans lui porter aucune atteinte, un organisme embryonnaire, figurant un nouveau ministère et qui, sous le nom de *France sociale*, constituerait une *Agence universelle d'industrie*.

L'Agence universelle d'industrie, ou la France sociale, produira directement et progressivement dans toutes les branches industrielles, et agira commercialement, à l'intérieur et à l'étranger, comme une entreprise privée, comme une compagnie particulière.

L'industrie privée continuera à agir avec une entière liberté de combinaisons et d'action, d'après ses ressources et suivant ses intérêts.

Dans la période de son développement embryonnaire, la France sociale procédera suivant le système de l'individualisme, et laissera de côté les principes de l'association universelle. Au lieu de fixer les prix de ses produits d'après la quantité et la qualité de travail qu'ils exigent, elle les fixera d'après la loi de l'offre et de la demande ; au lieu de partager le bénéfice social, elle le gardera et l'emploiera à développer sa puissance industrielle ; au lieu d'établir l'assurance mutuelle relative à l'enfance, à la vieillesse et aux diverses impotences, elle se bornera à donner, comme les sociétés industrielles particulières, des secours dans des cas et dans des circonstances exceptionnels.

Elle agira partout et constamment comme une puissance économique absorbante et envahissante, jusqu'au jour où, se trouvant en possession de presque toutes les industries et de presque tout le sol, et par conséquent en mesure d'alimenter toute la population nationale, on pourra la transformer en association universelle et la substituer à l'ancienne société.

Cependant, durant la crise de la transformation, la France sociale doit toujours fournir du travail à la classe ouvrière, afin de lui assurer des moyens d'existence. Elle le pourra facilement en portant tout le travail surabondant de l'intérieur en Algérie et dans les colonies, où tout est à fairé et où l'Etat possède de grandes étendues de terrain, et en appliquant ce travail à la création, dans ces contrées, d'une agriculture, d'une architechtonique et d'une industrie générale conformes aux principes du nouvel ordre social. Toutefois il sera nécessaire pour cela que la France sociale n'admette aucun étranger dans ses ateliers ; sans cette précaution ils seraient envahis par une population étrangère considérable, et il lui serait impossible d'assurer du travail aux classes ouvrières du pays.

Ici surgit la question financière, qui, dans l'état actuel de la France, peut être formulée ainsi :

Pour que l'Etat puisse créer des industries, il lui faut des capitaux disponibles en rapport avec l'importance de ces industries. Or le Trésor public de la France est actuellement obéré par la liquidation de ses récents désastres. D'un autre côté, on ne peut pas demander ces capitaux à un surcroît d'impôts; l'industrie et la propriété particulières sont déjà écrasées, et auraient besoin elles-mêmes de capitaux à bon marché pour lutter contre l'industrie étrangère.

Convient-il de se procurer ces capitaux par la voie des emprunts ?

Assurément non. Le crédit de la France a baissé en raison de ses désastres; il baisserait encore dans la mesure où elle augmenterait ses dettes. Dès lors, ces emprunts ne pourraient se faire qu'à des taux ruineux; les intérêts de ces capitaux éleveraient tellement les frais de production de l'industrie de la France sociale et de l'industrie privée, que leurs produits ne pourraient soutenir la concurrence étrangère sur aucun marché. Emprunter, ce serait là plus mauvaise des opérations.

Alors, comment faire ?

Voici ce qu'il y a à faire :

On conviendra que si l'on pouvait avoir pour l'industrie sociale et pour l'industrie privée, de la monnaie marchandise, c'est-à-dire de la monnaie métallique, gratis et à volonté, la question des capitaux serait résolue.

Mais cela ne se peut pas; la seule monnaie qu'on puisse avoir gratis et à volonté, c'est la monnaie représentative, c'est-à-dire la *monnaie billet au porteur*.

Il s'agit d'examiner si l'on peut se servir de cette dernière monnaie comme de la première et en obtenir le même résultat sans avoir à craindre aucune perturbation économique. Je prétends que oui, et je vais le démontrer.

Les caractères d'une parfaite monnaie sont les suivants :

1° Elle doit être reçue sur tous les marchés et dans toutes les transactions;

2° Elle doit y être reçue pour sa valeur nominale, c'est-à-dire sans aucun agio avec d'autres monnaies métalliques de même valeur nominale ;

3° Elle doit être à l'abri de toute dépréciation dans l'avenir, quels que puissent être les événements de cet avenir.

Une monnaie qui possède ces trois caractères inspire toute confiance au porteur. Peu importe à celui-ci que la matière première de la monnaie soit du papier ou de l'or, si la monnaie d'or et la monnaie de papier se valent sur le marché et dans les transactions.

Le problème se réduit donc à assurer à la monnaie représentative les trois caractères ci-dessus indiqués.

Supposons qu'on porte la loi suivante :

Article 1er. La monnaie légale de la France est la monnaie représentative, émise par l'Etat dans le mode prescrit par la loi.

Art. 2. Toutes les transactions et tous les engagements de l'Etat avec les particuliers, des particuliers avec l'Etat et des particuliers entre eux, seront soldables de droit en monnaie représentative, sauf le cas où les parties contractantes auront stipulé d'une manière expresse que le payement sera effectué en telle ou telle monnaie métallique, en telle ou telle marchandise.

Art. 3. Toute monnaie métallique étrangère ou nationale est considérée comme marchandise, et son cours est régi, comme celui des autres marchandises, par la loi de l'offre et de la demande ; nanmoins, pour rendre impossible toute dépréciation de sa monnaie représentative, n'importe dans quelle crise, l'Etat s'engage d'une manière formelle à recevoir constamment dans toutes ses caisses et dans toutes ses transactions, la monnaie métallique et la monnaie représentative au même titre de valeur, c'est-à-dire qu'il n'établira et n'admettra jamais, en ce qui le concerne, aucun agio en faveur de la monnaie métallique.

Dans le cas où des circonstances obligeraient l'Etat à se pourvoir d'une certaine quantité de monnaie métallique, il se la procurerait d'après le mode qu'il emploirait pour se procurer une marchandise quelconque, c'est-à-dire par un marché spécial et à tel taux qui résulterait du libre jeu de l'offre et de la demande dans le moment.

Art. 4. — Toute émission de monnaie représentative et tout achat de monnaie métallique, auront lieu en vertu d'une loi votée par les représentants du pays. Cette même loi spécifiera d'une manière précise et détaillée la destination que le pouvoir exécutif devra donner à l'une ou à l'autre monnaie. Le pouvoir exécutif ne pourra de son autorité, ni émettre de la monnaie représentative, ni achoter de la monnaie métallique, ni changer la destination donnée à l'une ou à l'autre monnaie par la loi.

Art. 5. — L'Etat prêtera à tout individu qui le demande de la monnaie représentative jusqu'à concurrence de la moitié de son avoir immobilier, et jusqu'à concurrence du tiers de son avoir mobilier. Le prêt sera fait sans autres frais que les intérêts.

Cet avoir doit être établi libre de toute hypothèque et de toute dette dans le présent, et déclaré légalement impropre à être hypothéqué ou à solder d'autres dettes dans l'avenir pour plus d'un tiers. Le taux du prêt sera le même pour tous et il sera fixé annuellement par une loi. Il pourra varier d'une année à l'autre, même pour les sommes prêtées antérieurement.

ART. 6. — L'individu pourra se libérer à tel moment qu'il voudra, mais l'Etat ne pourra jamais exiger le remboursement du prêt, tant que l'individu payera les intérêts de la somme et que son avoir mobilier restera le triple ou son avoir immobilier le double de cette somme.

Dans le cas où, par suite de mauvaises affaires l'avoir de l'individu descendrait au dessous de cette proportion, l'Etat exigera le remboursement du prêt jusqu'à concurrence de la somme voulue pour rétablir le rapport qui doit exister entre la quotité du prêt et la quotité de l'avoir disponible de l'individu.

Si l'individu ne rembourse pas cette somme dans les délais fixés par la loi, l'Etat fait vendre sommairement aux enchères publiques telle partie de l'avoir de garantie qui est nécessaire pour rétablir le rapport en question. Si la nature de la propriété ne comporte pas une vente partielle sans diminuer sa valeur totale, ou si par d'autres motifs l'individu désire la vente du tout, l'Etat vend le tout aux enchères, se rembourse de la totalité du prêt et donne le surplus à l'individu. Dans l'un et l'autre cas la vente est faite par voie administrative et sans frais.

Examinons quelles seront les conséquences immédiates et éloignées de cette législation financière pour l'industrie de l'Etat et pour l'industrie privée, tant en ce qui concerne les rapports économiques de l'intérieur qu'en ce qui concerne les rapports économiques avec l'étranger.

Supposons que l'Etat fasse une émission de un milliard de francs de monnaie représentative exclusivement destinés et scrupuleusement appliqués à la création d'industries pouvant donner immédiatement une production susceptible d'être mise et écoulée sur le marché social. (Pêche maritime, pêche fluviale, messageries et transports maritimes, messageries et transports par terre, chemins de fer, service de voitures publiques dans les villes, assurances de toute nature, agriculture sur les bonnes terres appartenant à l'Etat en France, en Algérie et dans les colonies, etc.)

Supposons de plus que l'industrie privée demande à emprunter à l'Etat deux milliards de francs et que l'Etat émette deux milliards de monnaie représentative pour cette destination.

Il y aura de cette manière trois milliards de monnaie représentative dans la circulation publique.

La première conséquence de cette double opération financière et industrielle sera de donner immédiatement du travail à ceux qui en manquent et de donner beaucoup d'emplois dans les nouveaux organismes de l'industrie de l'État.

La seconde conséquence sera de donner immédiatement une très-grande impulsion à la production générale et par suite d'accroître, dans une très-grande proportion, la richesse publique.

La troisième conséquence sera d'élever le niveau de la consommation et par conséquent du bien-être général, parce qu'il y aura beaucoup de produits sur le marché et parce que les salaires des travailleurs, les appointements des employés et les bénéfices des chefs d'industrie permettront à toutes les classes de la société d'acheter ces produits.

La quatrième conséquence, en ce qui concerne le prêt de 2 milliards à l'industrie privée, serait de permettre à l'Etat de réaliser annuellement de grands revenus en se substituant progressivement aux banquiers et aux institutions particulières de crédit. En prêtant 2 milliards à 3 p. 100, il se procurerait un revenu annuel de 60 millions. A ce taux, l'industrie agricole, manufacturière et commerciale emprunterait immédiatement à l'Etat. Par contre-coup, les financiers seraient obligés de baisser eux-mêmes le taux de leurs prêts. L'Etat n'a pas besoin de créer un nouvel organisme pour ce service, l'organisme financier existant suffit. Le privilége de la Banque de France ne serait pas renouvelé.

Mais pour que ce système financier soit pratiquement vrai et que ces conséquences soient réelles en fait, il faut que l'État ait non-seulement la volonté, mais encore le pouvoir effectif et efficace d'empêcher, quelque perturbation économique qui puisse survenir, la dépréciation de la monnaie représentative.

L'Etat ne peut manquer d'avoir la volonté, car sans cela il agirait en escroc et ferait de propos délibéré la ruine publique.

Il a le pouvoir effectif et efficace, voici par quels moyens :

1° Par l'acceptation, dans toutes les caisses qui servent à la perception des impôts directs et indirects, de la monnaie représentative sur le même pied que la monnaie métallique.

2° Par l'acceptation de la monnaie représentative au même titre que la monnaie métallique sur tous les marchés de sa propre industrie et dans toutes les transactions où il se trouve créditeur. Ces marchés et ces transactions deviendront d'autant plus considérables que son industrie prendra plus de développement.

3° Par le payement de tous ses fonctionnaires, employés, ouvriers, et sauf stipulation contraire, de tous ses créanciers en monnaie représentative, sans aucune sorte d'agio. La monnaie représentative se trouvera ainsi disséminée sur tous les points et dans toutes les couches sociales.

Le fractionnement de la monnaie représentative descendra jusqu'au titre de 5 francs; au-dessous de 5 francs on se servira de la monnaie divisionnaire actuellement en usage. Cette monnaie est elle-même en partie représentative, puisque sa valeur intrinsèque est bien au-dessous de sa valeur nominale.

— Tous ces moyens concernent les relations financières où l'Etat se trouve partie prépondérante et où il peut par conséquent dominer le cours de la monnaie représentative; mais par quels moyens le cours de la monnaie représentative sera-t-il maintenu au pair avec celui de la monnaie métallique dans les relations financières des particuliers?

— Les deux tiers de la monnaie représentative ont été prêtés à l'industrie privée et ils sont hypothéqués sur l'avoir des individus qui l'ont empruntée. Ces individus, après l'avoir mise en circulation en la distribuant à leurs employés et à leurs ouvriers, ont tout intérêt à la rechercher et à la recevoir sans agio en échange des produits de leur industrie, parce qu'avec cette même monnaie ils pourront se libérer de leur dette, et parce que dans le cas de mauvaises affaires industrielles, faute de cette monnaie entre leurs mains, ils verront vendre sommairement leur propriété mobilière ou immobilière, et ils la verront acheter et solder avec de la monnaie représentative.

La monnaie représentative ayant un emploi sûr et général : 1° dans toutes les caisses de l'Etat ; 2° sur tous les marchés et dans toutes les transactions de l'Etat ; 3° Sur tous les marchés et dans toutes les transactions des industriels qui l'ont empruntée ; 4° dans toutes les ventes mobilières et immobilières qui peuvent résulter des mauvaises affaires de ces industriels, sera par là même acceptée et recherchée par tous les citoyens à l'égal de la monnaie métallique, puisque l'une vaut l'autre, ni plus ni moins, dans la généralité des transactions sociales.

En tout cas, l'Etat a un moyen infaillible de relever à tout moment, et n'importe dans quelle circonstance, le cours de la monnaie représentative s'il venait à faiblir par une raison quelconque : Il n'a qu'à élever l'intérêt de la somme prêtée à l'industrie privée dans telle mesure qui serait nécessaire. Par ce fait, tous les individus qui ont emprunté de la monnaie représentative, se trouvent obligés, pour se soustraire à des intérêts onéreux, de se procurer la somme de monnaie représentative qu'ils ont empruntée, afin de la rembourser à l'État.

Ils la rechercheront donc par toutes les voies, même par la voie de l'emprunt aux particuliers qui en auraient. Le cours se révélerait immédiatement en raison de la généralité et de l'intensité de la demande de monnaie représentative, et en raison de la diminution de la quantité de cette monnaie en circulation par suite des remboursements. La monnaie est, en tant que monnaie et abstraction faite de sa valeur intrinsèque, la marchandise la plus indispensable à tous, et son cours s'élève plus rapidement que celui de toute autre marchandise dès qu'elle vient à faire défaut dans une certaine mesure.

Il est donc évident que l'État, par l'ensemble des moyens qui viennent d'être exposés, se trouve constamment maître du cours de la monnaie représentative et par conséquent de la situation financière.

Sans doute il pourra arriver que l'abondance de la monnaie en circulation et dans les mains de tous provoque un renchérissement des marchandises. Cela arrivera même certainement si le mouvement de la production et les richesses du marché ne sont pas en rapport avec la demande de la consommation. Mais ce phénomène économique est indépendant de la nature de la monnaie et il se produirait absolument de la même manière si toute la monnaie en circulation était métallique.

Ce qui vient d'être dit jusqu'ici n'a rapport qu'aux relations industrielles et financières de l'intérieur, mais celles-ci sont liées d'une manière intime aux relations industrielles et financières avec l'étranger. En effet, l'industrie de l'État et l'industrie privée ne peuvent prendre un développement considérable et prospérer qu'à la condition de vendre et d'acheter à l'étranger, et ces ventes et ces achats, pour être effectués d'une manière commode, prompte et sûre exigent l'intervention de l'intermédiaire monétaire dans une mesure plus ou moins grande. Or, la monnaie représentative de la France ne saurait être admise à l'étranger sans agio, par la raison bien simple que, n'étant pas là légale, elle ne serait reçue ni dans les caisses de l'État ni dans la généralité des transactions particulières. Il en serait de même pour l'admission en France de toute monnaie représentative étrangère.

Il faut donc que la monnaie nécessaire au solde des transactions commerciales avec l'étranger soit de part et d'autre métallique.

L'État ayant légalisé et généralisé le cours de la monnaie représentative sur le marché intérieur, et les transactions commerciales de l'extérieur ne pouvant être faites qu'avec de la monnaie métallique, c'est à l'État à prévoir et à résoudre toutes les difficultés financières qui, dans les circonstances ordinaires et dans les circonstances exceptionnelles, pourraient entraver et paralyser le commerce avec l'étranger, faute d'une quantité suffisante de monnaie métallique. C'est dire que l'État doit pouvoir, à tout moment et en toute circonstance, dominer efficacement la situation financière du commerce avec l'extérieur comme il domine celle du commerce intérieur. Le pourra-t-il, et par quel moyen ?

Il le pourra au moyen d'une *agence commerciale* créée et régie par lui et embrassant dans son réseau tout le monde commercial.

Cette agence constituerait une annexe, et ferait partie intégrante de *l'agence universelle d'industrie*, c'est-à-dire de la *France sociale*.

L'agence commerciale aura son siége et son établissement central à Paris, et des succursales dans tous les pays. Chaque succursale aura des établissements dans les principales places commerciales des pays où elle est établie.

L'agence se composera de trois offices :

1° Office du courtage des assurances commerciales ;

2° Office des payements commerciaux ;

3° Office du change et des prêts monétaires.

Par l'office du courtage et des assurances commerciales, l'industrie nationale aura des informations sûres et promptes sur la situation du marché dans toutes les parties du monde commercial ; elle aura des intermédiaires capables, responsables et solvables pour opérer ses ventes et ses achats sur toutes les places commerciales (l'agence répond des actes de ses agents) ; enfin elle pourra assurer ses marchandises en transport et en entrepôt. Ce même office pourra opérer pour les industries étrangères dans les mêmes conditions.

Par l'office des payements commerciaux, l'industrie nationale aura des intermédiaires capables, responsables et solvables pour régler ses transactions sur toute place commerciale du monde. Ce même office opérera dans les mêmes conditions pour l'industrie étrangère.

Les transactions commerciales de l'industrie nationale seront réglées par la balance de l'avoir et du débet de chaque industriel dans les diverses places, et ce qui ressortira en plus ou moins de cette balance, sera soldé en monnaie du pays où a lieu le payement, moyennant un escompte en sus de la commission en rapport avec ce que coûte à l'agence l'emprunt de cette monnaie. L'agence pose en principe que la monnaie métallique est une marchandise, et que quand elle paie en monnaie métallique pour un individu, elle achète pour lui une marchandise. Elle lui fait payer par conséquent d'après ce qu'elle dépense pour acheter cette marchandise.

Les transactions de l'industrie étrangère seront réglées de la même manière.

Par l'office du change et des prêts monétaires, l'agence commercial aura un marché de monnaie métallique sur toutes les places commerciales ; elle prêtera ou empruntera cette monnaie suivant les circonstances. Mais elle ne doit jamais prêter que des bénéfices réalisés, et en conservant toujours la réserve de monnaie métallique jugée nécessaire à ses opérations. Ses prêts seront toujours faits contre gages sûrs et réalisables. La seule monnaie étrangère admise dans ses caisses sera la monnaie métallique. On pourra, néanmoins, y admettre les billets de banque reçus dans les caisses des États, mais seulement dans la mesure où une dépréciation possible de ces billets ne compromettrait pas sa situation financière.

Enfin, pour que la situation financière de l'agence commerciale ne puisse être compromise par aucune perturbation économique, ses trois offices ne feront que des opérations au comptant.

L'agence commerciale, ainsi constituée, par l'universalité de ses relations, par la sécurité absolue de ses opérations et par la puissance de son action, attirerait à elle la majeure partie des affaires commerciales du monde, et réaliserait d'énormes bénéfices. Elle deviendrait une puissance commerciale et financière colossale, contre laquelle la lutte des établissements privés de même espèce serait impossible.

Comme l'agence commerciale n'est qu'un organe créé et régi par l'Etat, c'est l'Etat lui-même qui disposera de cette puissance et en réalisera les bénéfices.

Examinons à présent si, au moyen de cette agence commerciale, l'Etat pourra à tout moment et en toute circonstance dominer efficacement la situation financière du commerce avec l'étranger.

Que demande et qu'a droit de demander l'industrie nationale ?

Que la monnaie représentative que l'Etat émet à l'intérieur, ne devienne jamais un obstacle pour les transactions commerciales avec l'étranger.

Cet obstacle n'existera jamais en aucune mesure tant que la balance du commerce industriel avec l'étranger restera en équilibre ou penchera en notre faveur. L'agence commerciale solde alors tout le débet de l'industrie nationale par son crédit, et dans le cas où les exportations dépassent les importations, l'industrie étrangère solde le surplus en monnaie. L'industrie nationale ne paie dans ce cas que les frais de commission.

Si la balance du commerce industriel avec l'étranger penche en faveur de l'étranger, comme par exemple dans le cas d'une grande disette où il faudra acheter à l'étranger beaucoup de céréales, c'est l'industrie nationale qui solde le surplus en monnaie, et notre monnaie représentative n'étant pas reçue à l'étranger, du moins pour sa valeur nominale, c'est avec de la monnaie métallique que le solde devra être fait.

L'agence pose en principe que la monnaie métallique est une marchandise, et qu'elle vend cette marchandise à qui la lui demande, d'après ce que lui coûte son achat. Donc, dans ce dernier cas, l'agence soldera pour l'industrie nationale en argent, mais en faisant peser sur qui de droit, c'est-à-dire sur les acheteurs de céréales, les frais d'achat de cet argent. Elle empruntera de la monnaie métallique, et ce sera l'industrie nationale qui acquittera les intérêts de l'emprunt sous forme de taux du change entre la monnaie représentative et la monnaie métallique du pays où le solde doit se faire.

Voici ce qui arriverait si l'agence ne posait pas en principe que la monnaie métallique est une marchandise qu'elle achète et vend comme toute autre marchandise :

Tout Etat étranger pourrait contracter directement ou par l'intermédiaire des banquiers un emprunt considérable de monnaie représentative en France. Il pourrait demander ensuite aux caisses de l'Agence commerciale l'échange de toute la monnaie représentative empruntée contre de la monnaie métallique. L'agence serait alors obligée, pour ne pas se défaire de son encaisse métallique normale de contracter un emprunt de monnaie métallique. De plus, si par exemple elle emprunte la monnaie métallique à 5 p. 100, et si l'Etat étranger a emprunté la monnaie représentative à 3 p. 100, celui-ci bénéficie de 2 p. 100 sur le montant de l'emprunt au détriment de l'agence. Ajoutons que l'agence serait exposée à tout moment à faire face à des emprunts qui, dans un moment de crise, pourraient entraver ses opérations commerciales et compromettre sa situation financière.

Par le principe précité, l'agence dit aux porteurs de la monnaie représentative empruntée : vous me demandez de la monnaie métallique, je vous en achèterai, mais vous la payerez d'après ce qu'elle me coûtera. Et si je n'en trouve à aucun prix, ou si je ne veux pas me charger de cet achat qu'avec bénéfice, vous n'avez aucune réclamation à élever contre moi ; mes statuts ne m'obligent d'aucune manière à ce sujet.

L'emprunt pourrait être présenté à l'échange d'une façon déguisée, c'est-à-dire sous forme de traites commerciales. Mais le principe précité sauvegarde l'agence dans ce cas comme dans le cas précédent. Si les souscripteurs des traites ne présentent pas des crédits commerciaux soldables en monnaie métallique qui les balancent, et ils ne peuvent pas en présenter dans ce cas, l'agence leur fait supporter un escompte en rapport avec le coût de la monnaie métallique. De plus, dès qu'elle reconnaîtra que ce sont des traites fictives et non des traites provenant d'achats réels, elle pourra les refuser purement et simplement.

Un troisième mode d'échanger un emprunt en monnaie métallique consisterait à acheter en France, avec de la monnaie représentative, pour autant de produits, et de vendre ces produits à l'étranger contre de la monnaie métallique. Mais dans ce cas l'agence, si elle est employée comme intermédiaire, reçoit autant de monnaie métallique qu'elle en donne et l'industrie nationale reçoit une grande impulsion par l'achat même que l'étranger fait de ses produits.

En un mot, l'agence commerciale est un puissant appui pour l'industrie nationale, et se trouve à l'épreuve de toute commotion politique et de toute perturbation économique.

Résumons ce qui a été dit :

L'Etat, sous le nom de *France sociale*, émet 3 milliards de monnaie représentative.

Il prête 2 milliards de cette monnaie à l'industrie privée et consacre l'autre milliard à la création d'un certain nombre d'industries sociales et à l'établissement d'une agence commerciale embrassant, dans son réseau, tout le monde commercial.

Il établit, comme règle générale, que tout payement à l'intérieur sera fait, sauf stipulation contraire et expresse des parties, en monnaie représentative et que nul ne pourra, sans cette stipulation, exiger un payement en monnaie métallique, à moins qu'il ne plaise au débiteur et au créditeur de régler tout ou partie de leur compte avec cette dernière monnaie.

Il établit également, comme règle générale, que tout payement à l'étranger sera fait, sauf stipulation contraire et expresse des parties, en monnaie métallique de l'Etat où se fait le payement et, que nul ne pourra, sans cette stipulation, exiger du créditeur qu'il reçoive en payement de la monnaie représentative de n'importe quel pays, à moins qu'il ne plaise au créditeur et au débiteur de régler tout ou partie de leur compte avec cette dernière monnaie.

En vertu de la première règle générale, l'Etat peut conserver toute la monnaie métallique qu'on lui verse à l'intérieur et s'en servir pour tous les payements obligatoires en monnaie métallique.

En vertu de la seconde règle générale, l'Etat peut surveiller efficacement la contrefaçon de sa monnaie représentative. Si on admettait à l'étranger les payements en monnaie représentative, avec ou sans agio, on serait exposé à de nombreuses contrefaçons faites à l'étranger, sans pouvoir les surveiller et les réprimer efficacement. Si au contraire la contrefaçon ne peut entrer et rester dans la circulation qu'en France, il sera plus facile de la reconnaître à temps et d'en découvrir l'origine.

L'exposition a indiqué les premières opérations et les conséquences immédiates de ce système de transition sociale, et elle a prouvé que l'Etat reste constamment maître de la situation industrielle et financière, quelque perturbation politique ou économique qu'il advienne. Il s'agit d'indiquer les opérations ultérieures et les conséquences lointaines de ce système de transition, et de prouver que l'Etat sera maître de la situation après comme avant.

Les opérations ultérieures du système doivent être le développement progressif et incessant de l'industrie sociale, et ses conséquences lointaines doivent être l'absorption progressive et incessante de l'industrie et de la propriété privées à l'intérieur et à l'étranger, afin d'arriver à l'association universelle. J'entends la propriété privée, en tant qu'instruments ou fonds industriels, et non la propriété privée, en tant que valeur en réserve dans les mains des individus.

Pour parcourir sûrement cette voie, la conduite de l'Etat doit être celle-ci :

Dès que les premiers établissements de son industrie sociale et de son agence commerciale seront bien organisés théoriquement et pratiquement, et qu'ils fonctionneront avec la régularité et la précision voulues, l'Etat créera de nouveaux établissements industriels dans les diverses branches d'industrie et les multipliera jusqu'à ce que sa propre industrie puisse faire face à la consommation de l'intérieur et à la demande de l'extérieur.

Par quel moyen se procurera-t-il le capital monétaire nécessaire à la création de ces nouveaux établissements industriels? Il peut se les procurer par deux moyens :

1° Par l'accumulation des bénéfices de son industrie et de son agence commerciale ;

2° Par l'émission d'une nouvelle quantité de monnaie représentative.

Convient-il de se servir uniquement d'un capital provenant du premier moyen ? Convient-il de se servir uniquement d'un capital provenant du deuxième moyen, ou convient-il de se servir d'un capital provenant de la combinaison de l'un et l'autre de ces moyens ?

Il est tout d'abord évident que si l'on peut se servir d'un capital formé uniquement par une émission de monnaie représentative, à plus forte raison pourra-t-on se servir d'un capital formé uniquement d'économies, ou d'un capital formé partie d'économies et partie de monnaie représentative émise.

Commençons donc par examiner ce qui adviendrait si l'on se servait uniquement d'un capital émis en monnaie représentative et, pour mieux faire ressortir la nature des conséquences qui en résulteraient, exagérons la somme de monnaie représentative émise. Supposons par exemple, que l'Etat décide une émission de vingt milliards de monnaie représentative destinés à être appliqués dans cinq ans, c'est-à-dire à raison de quatre milliards par an, à la création de nouveaux établissements industriels.

Pour créer de nouveaux établissements industriels à raison de quatre milliards par an, l'État est obligé de demander annuellement une énorme quantité de produits destinés à être les matières premières ou les matériaux de ces établissements.

La demande de travail devenant disproportionnée avec l'offre normale, le prix du travail s'élèvera dans toute l'industrie nationale et augmentera les frais de production ; par contre-coup, le prix de tous les produits s'élèvera pour couvrir les frais de production.

La demande de produits faite par l'État étant également disproportionnée avec l'offre normale, le prix des produits demandés s'élevera par cette seule cause, et les industriels qui fabriquent ces produits réaliseront dans la circonstance des bénéfices plus élevés que ceux que peuvent réaliser les chefs des autres industries.

En somme, dans sa portée générale, le renchérissement parallèle du travail et des produits est purement nominal, par la raison que si l'ouvrier gagne un tiers de plus, le chef industriel élève le prix de ses produits d'une manière analogue, et la production se maintient dans ses lois naturelles qui sont :

1° La production n'existe qu'à la condition que la vente des produits couvre les frais de production ; elle prospère si la vente des produits dépasse de beaucoup les frais de production ; elle se maintient si cette vente fait face aux frais de production ; elle périt si cette vente ne suffit pas à couvrir les frais de production ;

2° La vente des produits est en raison de la demande de la consommation, et la demande de la consommation s'arrête, en premier lieu, quand le consommateur est pourvu du produit ; en second lieu, quand le consommateur, par une balance mentale et morale, trouve que la satisfaction qu'il retirerait de la consommation du produit ne compense pas la peine du travail qu'il serait obligé de s'imposer pour se le procurer.

Ces deux lois signifient que les industries ne doivent se développer et ne peuvent exister que dans la mesure des besoins réels qu'il y a à satisfaire, et que la limite économique des besoins à satisfaire se trouve au point où le consommateur est complétement fourni du produit ou ne veut pas du produit pour le prix, c'est-à-dire pour la peine qu'il coûte.

Examinons quel effet le renchérissement nominal des produits sur le marché de l'intérieur produira dans les relations commerciales avec l'étranger.

Si ce renchérissement a eu lieu dans la proportion d'un tiers des prix antérieurs, l'or et l'argent en lingots, c'est-à-dire en tant que produits, vaudront ce tiers de plus qu'avant en monnaie représentative. Mais la valeur de la monnaie métallique, en mettant de côté les fluctuations passagères, reste constamment en rapport avec celle du lingot ; donc une somme nominale de monnaie métallique vaudra ce même tiers de plus que la même somme nominale de monnaie représentative. Donc à l'intérieur personne ne viendra plus verser de la monnaie métallique au pair dans les caisses de l'Etat, et dans toutes les transactions particulières il s'établira, en vertu de stipulations expresses, un agio entre la monnaie métallique et la monnaie représentative, c'est-à-dire qu'à l'intérieur, les transactions se feront uniquement en monnaie représentative et que la monnaie métallique n'y figurera plus qu'au titre de marchandise. Ce fait n'a aucune influence sur le développement de l'industrie nationale.

Mais l'industrie nationale doit acheter et vendre à l'étranger où les transactions ont lieu en monnaie métallique, et le prix d'un produit chiffré en monnaie métallique est nominalement inférieur d'un tiers au prix du même produit chiffré en monnaie représentative. Dès lors comment procéder dans les ventes et les achats des produits?

Rien de plus simple. Il a été établi en principe que dans un pays étranger l'agence commerciale, sauf stipulation contraire, paye et reçoit uniquement en monnaie de ce pays, et qu'à l'intérieur elle paye et reçoit, sauf stipulation contraire, uniquement en monnaie représentative. Donc sur le marché d'un pays étranger, le prix des produits de toute provenance sera établi en monnaie de ce pays, et sur les marchés de l'intérieur le prix des produits de toute provenance sera établi en monnaie représentative. Le conversion des prix en l'une et en l'autre monnaie s'opère, quand il y a lieu, en se basant sur la différence de valeur commerciale qui existe entre les deux monnaies.

Le renchérissement nominal des produits sur le marché de l'intérieur n'est donc pas un fait susceptible d'altérer la marche naturelle des transactions commerciales avec l'étranger.

Il résulte de ce qui vient d'être dit que l'écart de valeur qui s'établit entre la monnaie représentative et la monnaie métallique ne vient pas de l'emploi exagéré de la monnaie seprésentative, mais bien de la demande exagérée de travail et de la demande exagérée de produits, demande qui, par un effet d'action et de réaction, fait élever nominalement le prix du travail et le prix des produits. Comme la monnaie métallique a sa valeur liée à celle du lingot et que le lingot est un produit qui maintient son rapport de valeur réelle avec les autres produits, la monnaie métallique rétablit en peu de temps, sinon immédiatement, son rapport de valeur réelle avec tous les produits.

Le renchérissement parallèle et nominal du travail et des produits aurait lieu de la même manière si la demande exagérée de travail et de produits se faisait avec 4 milliards par an de monnaie métallique. Dans ce cas la valeur commerciale du lingot deviendrait supérieure à la valeur nominale de la monnaie. Mais les possesseurs de monnaie la transformeraient en lingots, ce qui ferait baisser la valeur commerciale du lingot. D'un autre côté, la monnaie diminuant deviendrait relativement plus chère en tant que monnaie et dans les transactions.

Ces actions et réactions diverses dureraient jusqu'à ce que la valeur nominale de la monnaie métallique soit en rapport avec la valeur commerciale du lingot et que la valeur commerciale du lingot soit en rapport avec la valeur commerciale de tous les produits, c'est-à-dire jusqu'au rétablissement de l'équilibre entre les valeurs naturelles et réelles.

Donc l'emploi exagéré de la monnaie représentative peut amener un écart entre la valeur nominale de cette monnaie et celle de la monnaie métallique pour un temps plus ou moins long, mais sans que ce fait puisse d'ailleurs provoquer aucune crise industrielle ou monétaire, et sans que cet écart ait la signification d'une dépréciation de la monnaie représentative. Dans ce cas, cet écart est le résultat du jeu de la loi économique de l'offre et de la demande. La dépréciation d'une monnaie représentative est toujours le résultat du peu de confiance qu'elle inspire, d'une suspicion plus ou moins fondée sur sa solidité.

Deux classes de la société se trouvent cependant lésées par le renchérissement nominal des produits ou par l'abaissement de la valeur commerciale de la monnaie représentative : ce sont les rentiers et tous ceux qui recevaient des appointements fixes. Comme ils ne reçoivent après que la même somme de monnaie qu'ils recevaient avant, ils perdent réellement dans la mesure du renchérissement nominal des produits. Mais on peut augmenter les appointements des fonctionnaires. Quant aux rentes, ce sont en grande partie des valeurs de Bourse qui changent constamment de mains.

Dans quelle mesure pourrait-on émettre de la monnaie représentative pour acheter les terres, bois, maisons, et les établissements industriels des particuliers ?

Dans la mesure de l'offre de toutes ces choses. Dans ce cas, c'est une demande de monnaie faite par les particuliers, et non une demande de travail ou de produits faite par l'État. Donc, l'opépération ne provoquerait aucun renchérissement du travail et des produits, et, par conséquent, aucun écart entre la monnaie représentative et la monnaie métallique.

Dans quelle mesure pourrait-on rembourser la dette publique au moyen d'émissions de monnaie représentative ?

Ici la question change sous deux rapports. En premier lieu on est en présence de beaucoup d'intérêts étrangers, en second lieu, ce ne sont pas les créanciers qui demandent le remboursement, c'est l'État qui l'impose d'office.

Les créanciers étrangers diront avec raison à l'État : Vous avez le droit de nous rembourser au pair, mais votre monnaie représentative n'est pas admise chez nous ; nous vous avons donné de la monnaie métallique, c'est-à-dire une marchandise réelle, remboursez-nous dans la même monnaie. Les gouvernements étrangers défendraient, et auraient raison de défendre, les intérêts de leurs nationaux.

Les créanciers de l'intérieur diront aussi avec raison : Nous vous avons prêté en monnaie métallique, c'est-à-dire en une marchandise ayant cours sur tous les marchés du monde et pouvant par conséquent être placée immédiatement sur les marchés étrangers. Vous voulez nous rembourser d'office en une monnaie que nous ne pouvons pas placer à l'étranger, parce qu'elle n'y a pas cours légal, et que nous ne pouvons pas placer en France, parce que l'Etat prête lui-même à un taux minime de la monnaie représentative à qui en veut ; remboursez-nous en monnaie métallique, sinon vous nous enlevez une grande partie de notre bien d'une manière injuste et déloyale.

Donc le remboursement d'office de la dette publique ne doit être fait qu'en monnaie métallique.

Le remboursement de la dette publique en monnaie représentative peut avoir lieu progressivement sous une autre forme.

L'Etat, avons nous dit, prête de la monnaie représentative à tous les industriels qui en demandent, jusqu'à concurrence de la moitié de leur avoir net immobilier, et jusqu'à concurrence du tiers de leur avoir net mobilier.

Supposons que l'Etat prête à 2 p. 100. Les industriels qui ont besoin de monnaie emprunteront à l'Etat à ce taux et non aux financiers à un taux plus élevé. Comme la monnaie qu'ils empruntent doit leur servir uniquement à acheter du travail ou des matières premières de leur industrie, ou même des produits de consommation personnelle, peu leur importe que cette monnaie soit représentative ou métallique. Donc les financiers ou les commerçants de monnaie ne trouveront plus à placer leur monnaie, qu'elle soit représentative ou métallique, qu'à 2 p. 100 sur le marché intérieur ; à ce taux le 3 p. 100 de notre dette publique s'élèverait au cours de 150 francs, c'est-à-dire qu'il dépasserait le pair de 50 francs, et les possesseurs de ces rentes ne les céderaient plus à la Bourse qu'à ce cours ou à un cours peu inférieur à celui-là. Mais il est acquis à l'Etat le droit de rembourser ces rentes pour 100 francs. Donc l'État pourra rembourser une quantité donnée de rentes à 100 francs et vendre immédiatement ces mêmes rentes au cours de la Bourse. Si le cours de la Bourse est par exemple de 130 francs, il réalisera un bénéfice de 30 francs pour chaque titre de rente de 3 francs. Si, par suite de stipulations expresses il s'établit à la Bourse une différence de cours pour le paiement en monnaie représentative et le paiement en monnaie métallique, et que le cours de la rente payée en monnaie métallique soit, par exemple, 115 francs, l'Etat pourra encore rembourser à 100 francs en monnaie métallique, revendre à 115 francs à la Bourse en monnaie métallique, et réaliser ainsi un bénéfice de 15 francs en monnaie métallique pour chaque titre de rente de 3 francs.

Beaucoup de détenteurs de nos fonds publics étant des étrangers, ces étrangers ne pourront-ils pas exiger que leurs rentes leurs soient payées en monnaie métallique et non en monnaie représentative ?

Évidemment oui. Et pour trancher toute difficulté et tout conflit à ce sujet, soit avec les rentiers étrangers, soit avec les rentiers nationaux, on suivra la règle établie, que tout payement se fait en France avec de la monnaie représentative, et à l'étranger avec la monnaie du pays où s'effectue le payement, et on donnera la faculté aux rentiers nationaux et étrangers de toucher leurs rentes dans tel pays qu'ils voudront.

Par ce système, tout motif de réclamation est écarté, et comme la majeure partie des rentiers de l'intérieur n'emploie ses rentes qu'à l'achat des choses qui lui sont nécessaires pour vivre sur les marchés de l'intérieur, elle se fera payer ses rentes à l'intérieur, c'est-à-dire en monnaie représentative.

Que deviendra l'industrie privée, à mesure que l'industrie sociale se développera et lui fera concurrence ?

Elle périra. L'industrie privée ne peut lutter contre l'industrie sociale pour trois raisons. La première raison, c'est que l'industrie sociale n'a pas, comme l'industrie privée, l'intérêt du capital à mettre au compte des frais de production. La seconde raison, c'est que l'agence commerciale, qui n'est qu'un organe de l'Etat, tout en servant l'industrie privée de l'intérieur et de l'extérieur, servira avant tout, et si c'est nécessaire, d'une manière privilégiée l'industrie sociale. La troisième raison, c'est que même à conditions égales, l'industrie sociale peut soutenir la concurrence sans bénéfice, et même à perte, plus aisément que ne peut le faire un établissement privé.

Mais s'il en est ainsi, tous les individus dont la fortune est engagée dans des établissements industriels seront successivement ruinés, parce que personne ne voudra acheter des établissements incapables de se soutenir en présence de ceux de l'industrie sociale. L'État qui produit toutes ces ruines, doit-il passer dessus indifférent et impassible ?

Certainement non. Dès qu'un établissement industriel privé ne peut plus continuer sa production, et que le propriétaire se trouve dans la nécessité de le vendre, l'État doit l'acheter sans marchandage à sa valeur entière, quand même il ne lui serait d'aucun usage. En droit strict il pourrait, comme tous les industriels, s'en tenir aux usages et aux lois de la concurrence sans s'occuper des victimes qui succombent dans l'arène industrielle. En bonne équité, il doit faire supporter à la société entière les pertes forcées qu'une transformation sociale occasionne à une classe particulière de la société.

Si l'État émet, sans discontinuité, de la monnaie représentative pour développer de plus en plus l'industrie sociale et pour acheter progressivement toute la fortune immobilière et mobilière des particuliers, la somme de monnaie représentative jetée dans la société finira par atteindre un chiffre colossal. Quel emploi industriel, commercial ou financier les particuliers pourront-ils donner à cette monnaie ?

Aucun. Elle vaudra dans leurs mains comme une somme de monnaie métallique en réserve, ou comme un avoir auquel ils pourront toujours puiser pour acheter sur le marché tout ce qu'ils voudront, mais qu'ils ne pourront jamais transformer en capital productif. Le capital et son parasitisme disparaissent sous toutes les formes, à mesure que l'industrie sociale se substitue à l'industrie privée. Dès lors, les possesseurs de fortes sommes de monnaie seront amenés pour mettre leur avoir en monnaie à l'abri de toute perte accidentelle, à changer cette monnaie contre une inscription de créance sans intérêt sur l'État.

Quel sera, sur le marché extérieur, le résultat de la concurrence entre l'industrie sociale et l'industrie des autres États ?

L'industrie sociale primera et écrasera grogressivement l'industrie privée de l'étranger sur le marché extérieur comme elle prime et écrase progressivement l'industrie privée nationale sur le marché intérieur, et par les trois mêmes raisons. En effet: en premier lieu, l'industrie sociale n'a pas, comme l'industrie privée étrangère, l'intérêt du capital à mettre au compte des frais de production; en second lieu, l'agence commerciale, qui n'est qu'un organe de l'État, tout en servant l'industrie privée étrangère, servira avant tout, et si c'est nécessaire, d'une manière privilégiée l'industrie sociale ; en troisième lieu, à conditions égales, l'industrie sociale peut soutenir la concurrence sans bénéfice et même à perte plus longtemps et plus aisément que ne peuvent le faire les établissements privés de l'industrie étrangère. Un Etat pourra, sans doute, protéger sur son marché intérieur son industrie contre la concurrence de l'industrie sociale par le système prohibitif, mais il ne saurait lui assurer cette protection sur les autres marchés et par conséquent la préserver d'un affaiblissement et d'une ruine progressive.

Que feront les Etats étrangers en présence d'une telle situation ?

Il est impossible de prévoir et de dire ce qu'ils tenteront de faire ; mais ce qu'une juste appréciation de la nature des choses leur conseillerait de faire de prime abord, et qu'une impérieuse nécessité économique leur imposera en définitive, c'est de demander à devenir partie intégrante et homogène de la France sociale, dès qu'elle se transformera en association universelle.

La France doit-elle accepter une demande de cette nature qui lui serait faite par n'importe quel Etat ?

Evidemment oui. Et tant pour respecter l'amour propre national de tous que pour écarter tout obstacle que cet amour-propre pourrait mettre à l'association universelle, l'union des Etats prendrait immédiatement le nom d'Humanité sociale.

A quelles conditions économiques doit-on opérer cette union ? A la seule condition de se libérer préalablement de part et d'autre de la dette publique. Cela se fera en répartissant la dette publique de chaque État entre les nationaux de chaque État et au prorata de leur avoir.

Il serait d'un sentiment égoïste et d'une praticabilité très compliquée, sinon impossible, de décompter et de répartir entre les nationaux respectifs des États qui s'unissent, la richesse du capital social de l'un, et la pauvreté du capital social de l'autre.

A mesure que l'humanité sociale s'étendra sur la terre, non par voie de conquête, mais par libre union, les hommes trouveront la paix, le bien-être matériel et la grandeur intellectuelle et morale, biens qu'il leur est absolument impossible d'atteindre tant qu'ils vivront à l'état d'individualisme industriel et d'égoïsme national.

Comme aucune des langues anciennes ou modernes n'a assez de valeur pour mériter de devenir la langue de l'humanité sociale, il y a lieu de procéder immédiatement à la création scientifique d'une langue universelle dont le mécanisme soit simple, et qui permette l'expression analytique et synthétique de la pensée humaine, dans toutes les sphères de son activité, avec précision, clarté et fécondité.

Si le système de l'association universelle que j'ai exposé venait à avoir assez de succès pour donner naissance à un parti social dans un avenir quelconque, voici la conduite que je conseillerais à ce parti :

1° Renoncer à toute action violente dans l'ordre politique comme dans l'ordre social. L'action violente loin de servir une cause la compromet toujours et en retarde le succès ;

2° Propager le système de l'association universelle dans toutes les classes de la société, de manière à lui gagner la majorité du corps électoral, et élaborer en même temps l'organisation secondaire jusqu'à la complète réglementation de chaque organisme industriel et de chaque question technique ;

3° Dans toute élection pour la représentation nationale, n'appuyer que des candidats qui adhèrent à l'association universelle, et donner la préférence à ceux qui concourent d'une manière active et intelligente à la prorogation de l'idée et aux travaux théoriques de l'organisation secondaire.

De cette manière on finirait par avoir à la Chambre des représentants, non-seulement des députés acceptant en principe et d'une manière vague l'association universelle, mais des députés connaissant la question à fond et dans ses moindres détails organiques ; et le jour où l'idée aurait acquis la majorité dans la Chambre, la transformation sociale se ferait sans tâtonnement et sans hésitation, avec ordre et avec discernement.

APPENDICE

———

J'ajoute comme appendice à ce travail quelques pages d'une brochure que j'ai publiée il y a quelques années, et qui traitent de l'organisation administrative. Ce sujet se rattache naturellement à celui que je viens de traiter, en ce sens que les meilleures institutions sont perverties et restent sans fécondité si les organismes administratifs sont imparfaits où se corrompent.

Les scandaleuses révélations d'un récent procès justifient assez le contenu de ces pages.

DE L'ORGANISATION ADMINISTRATIVE.

La puissance et la régularité de la vie sociale dépendent autant d'une bonne organisation administrative que d'une bonne organisation politique.

L'organisation administrative de la société, pour être bien conçue, doit comprendre deux parties distinctes :

1° L'organisation de l'administration proprement dite ;

2° L'organisation du contrôle.

Dans chacune de ces parties, l'organisation doit envisager trois objets : 1° la fonction ; 2° la monographie de la fonction ; 3° le fonctionnaire.

Une fonction est l'action constitutionnelle assignée à un organe constitutionnel, ou bien la partition économique assignée à un organe social. L'ensemble des fonctions ou des partitions économiques cons-

\titue le concert de la vie sociale accompli par l'organisanisme général de la société.

La monographie de la fonction est le programme détaillé des opérations de la fonction et la notation précise de la manière d'agir de l'organe social.

La monographie doit être une réglementation technique de la matière et une législation spéciale imposée au fonctionnaire. Les prévisions de la réglementation doivent être complètes afin de ne laisser aucun point à l'arbitrage du fonctionnaire. L'arbitrage du fonctionnaire dégénère trop souvent en arbitraire à l'égard des personnes et en innovations abusives à l'égard des choses.

Le fonctionnaire est l'individu qui, muni d'un titre légal, remplit isolément ou de concert avec d'autres individus le rôle d'un organe social. Le fonctionnaire doit connaître parfaitement son rôle organique et le remplir d'après les indications et les prescriptions de la monographie de la fonction. Il ne doit lui être permis de s'écarter, en quoi que ce soit et sous aucun prétexte, de ces indications et de ces prescriptions. Pour tout point où les prévisions réglementaires feraient défaut, il ne doit pouvoir agir qu'après autorisation spéciale de son chef hiérarchique. Si, par raison d'urgence, il est obligé d'agir avant cette autorisation, il devra informer ce même chef de la mesure qu'il a prise et des motifs qui la lui ont fait prendre. Dans l'un et l'autre cas, tout acte administratif accompli en dehors des prévisions réglementaires, devra être l'objet d'un raport spécial, très-circonstancié, adressé par le fonctionnaire au contrôle et au ministre duquel il dépend. Le contrôle, après vérification des faits, adressera le rapport à la Cour des comptes. La Cour des comptes et le ministre adresseront le rapport à l'organe législatif avec leur avis motivé, quant à la nécessité qu'il pourrait y avoir de modifier ou de compléter les prévisions réglementaires. L'organe législatif, s'il y a lieu, modifiera ou complétera les prévisions réglementaires.

Une telle manière d'agir a le double avantage de rendre impossibles les écarts et les abus du fonctionnaire et d'assurer un perfectionnement rapide de toutes les branches de la législation.

Dans l'administration proprement dite, l'organe social est formé tantôt par un seul fonctionnaire, agissant isolément, tantôt par plusieurs fonctionnaires agissant de concert sous le nom de conseil, comité, commission. Dans le contrôle, l'organe social doit toujours être formé par plusieurs fonctionnaires agissant de concert sous le nom de tribunal administratif.

Le contrôle a pour mission d'assurer la stricte régularité et la parfaite sincérité des opérations administratives ; il est dès lors appelé à juger les faits et les personnes. Or, il ne faut jamais livrer l'homme à la justice d'un seul homme. La justice d'un homme isolé est trop exposée à être aveugle et à devenir partiale.

DE L'ORGANISATION ADMINISTRATIVE EN CE QUI CONCERNE
LE FONCTIONNAIRE.

Responsabilité du fonctionnaire. — La responsabilité du fonctionnaire, doit être rigoureusement précisée quant à son étendue, quant aux faits qui l'engagent et quant aux peines que ces faits entraînent.

Toute fonction doit être calculée de manière à ce que le travail imposé au fonctionnaire n'exige qu'une dépense d'activité modérée, et la responsabilité du fonctionnaire doit être limitée à ce qui se rattache à ce travail. La responsabilité du fonctionnaire doit porter : 1° sur ses propres opérations ; 2° sur telles opérations spécifiées des agents qui sont immédiatement sous ses ordres et dont le réglement lui impose la surveilance et la vérification. Il ne doit jamais éxister de responsabilité vague et indéterminée.

La responsabilité du fonctionnaire doit être engagée par les faits suivants : 1° erreurs et omissions sans caractère de négligence ; 2° erreurs et omissions avec caractère de négligence ; 3° violation des prescriptions réglementaires sans caractère de fraude ; 4° opérations frauduleuses et criminelles.

Les peines à infliger au fonctionnaire seront :

Pour le premier genre de faits, une retenue de plusieurs journées, d'une journée ou d'une fraction de journée de solde.

Pour les deuxième et troisième genres de faits, une retenue de solde et un ralentissement de l'avancement.

Pour le quatrième genre de faits, une retenue de solde, un ralentissement de l'avancement, une peine afflictive sans destitution ou avec destitution, suivant la gravité de l'inconduite.

L'amende doit être infligée à tous les fonctionnaires par retenue de journées de solde et non par quotités stipulées de tant à tant, parce que par la seconde manière d'agir la punition pécuniaire serait très-onéreuse pour les petits appointements et insignifiante pour les gros appointements.

La solde du fonctionnaire sera divisée en trois parties distinctes :

1° La solde de l'emploi, acquise dans toute position de présence, d'absence régulière et de maladie ; 2° la solde d'exercice, acquise seulement par l'exercice et durant l'exercice de la fonction. Dans tout emploi, cette seconde solde sera invariablement le tiers de la première. Si, par exemple, la première est de trois francs par jour, la seconde sera d'un franc par jour ; 3° frais de bureaux acquis seulement par l'exercice et durant l'exercice de la fonction.

Tout fonctionnaire qui exerce provisoirement une fonction a les mêmes droits et la même responsabilité que le titulaire. Il a, d'un autre côté, la solde d'exercice et les frais de bureau attachés à la fonction. S'il remplit deux fonctions à la fois, il cumule la solde d'exercice et les frais de bureaux des deux fonctions.

Pour tout cas où un chef n'aura pas relevé et rectifié en temps opportun un acte irrégulier d'un inférieur et compris dans la sphère de sa surveillance, le chef sera puni du quart de l'amende infligée à l'auteur de l'acte irrégulier. S'il y a complicité ou tolérance consentie, il sera puni de la même peine que l'auteur de l'acte irrégulier.

La somme des amendes infligées à un fonctionnaire ne pourra dépasser la partie de solde qui lui est attribuée pour exercice de la fonction.

Droit de juger et de punir le fonctionnaire. — Le droit de juger et de punir un fonctionnaire pour des fautes administratives est dévolu : 1° au supérieur qui a la surveillance de ses opérations, pour les erreurs et omissions qui n'ont pas le caractère de la négligence. La peine à infliger consistera en une amende peu considérable et ne pourra jamais affecter l'avancement du fonctionnaire; 2° aux tribunaux administratifs, dans tous les cas où les faits n'ont aucun caractère frauduleux et criminel. La peine pourra affecter l'avancement du fonctionnaire.

Si les faits ont un caractère frauduleux, le fonctionnaire est traduit devant les tribunaux criminels de la justice ordinaire. Le tribunal administratif remplit alors le rôle de chambre de mise en accusation, et le procureur du tribunal administratif devra soutenir l'accusation devant le tribunal de la justice ordinaire. La peine pourra être afflictive et entraîner soit la rétrogradation d'un ou de plusieurs grades, soit la destitution du fonctionnaire. Le tribunal administratif ne peut infliger au fonctionnaire aucune peine afflictive directement. Dans tous les cas, l'inculpé est prévenu à l'avance des faits qui lui sont reprochés, et il est appelé à se justifier, soit devant le chef, soit devant le tribunal administratif, soit devant le tribunal criminel. Le supérieur défère au tribunal administratif les actes irréguliers d'un inférieur dont il a la surveillance.

Les procureurs administratifs mettent les fonctionnaires en accusation sans autorisation préalable d'aucun pouvoir et nul ordre supérieur ne peut arrêter leur poursuite.

Nul supérieur ne peut ordonner à un inférieur d'agir en dehors des prescriptions réglementaires. Si, par des circonstances exceptionnelles, un supérieur croit nécessaire d'ordonner à un inférieur de prendre une mesure non prévue par le réglement ou contraire au réglement, il doit lui donner un ordre écrit portant en tête l'indication : *Par raison exceptionnelle.* Copie de cet ordre doit être envoyée par celui qui le donne et par celui qui le reçoit au tribunal administratif, et le tribunal administratif doit l'envoyer à la Cour des comptes. Celui qui donne l'ordre envoie également une copie au ministre dont il dépend. La Cour des comptes et le ministre transmettent, s'il y a lieu, cet ordre à l'organe législatif avec leurs observations. L'organe législatif juge s'il y a lieu de modifier ou de compléter les prévisions réglementaires. Si un inférieur reçoit d'un supérieur un ordre irrégulier, il lui fait remarquer l'irrégularité de l'ordre en exposant ce qui la constitue. Si le supérieur maintient son ordre, sans mention de *raison exceptionnelle* et sans indiquer les articles de la législation qui rendent l'ordre réglementaire, l'inférieur l'exécute, mais il envoie copie au tribunal administratif et au ministre dont il dépend.

Tout inférieur qui exécute un ordre irrégulier d'un supérieur sans remplir les formalités ci-dessus indiquées partage la responsabilité du supérieur.

Toutes les relations administratives doivent avoir lieu par écrit et dans la forme officielle. Les indications et les explications verbales ne doivent être considérées que comme des relations administratives officieuses.

DE L'ORGANISATION ADMINISTRATIVE EN CE QUI CONCERNE LE CONTROLE.

Le contrôle administratif doit être une véritable justice, armée d'une sanction, ayant ses règles de procédure et organisée de manière à assurer dans tout service public la sincérité des gestions et un fonctionnement régulier de tous les organes administratifs.

Sauf les différences imposées par la nature des choses, l'organisation de la justice administrative sera analogue à l'organisation de la justice ordinaire.

Le supérieur représentera le juge de paix pour l'action de simple police, les tribunaux administratifs représenteront les tribunaux de police correctionnelle, des cours d'appel administratives représenteront les cours d'appels ordinaires, la Cour des comptes représentera la Cour de cassation pour tout ce qui concerne les jugements des tribunaux administratifs.

Les tribunaux administratifs auront, comme les tribunaux ordinaires, leurs circonscriptions territoriales et leur ressort déterminés. Ils seront organisés par département ministériels, et leur nombre sera en rapport avec l'étendue des services administratifs compris dans chaque ministère.

Inspections administratives. — Les attributions des tribunaux administratifs s'étendront aux inspections actuellement confiées à des fonctionnaires agissant isolément sous le nom d'inspecteurs, de contrôleurs, de vérificateurs. Toutefois les tribunaux administratifs ne pourront inspecter et juger que l'action purement administrrative ; ils ne pourront jamais inspecter et juger l'œuvre de l'ingénieur ou du directeur d'un travail spécial pour prononcer si cette œuvre est bien ou mal faite, et si ses agents montrent ou ne montrent pas de la capacité. Sous ce second rapport, l'œuvre et les agents seront inspectés et appréciés par les chefs hiérarchiques, quand il en existe, et, s'il y a lieu, par des commissions envoyées par le ministère dans le service duquel rentrent les travaux. Ces commissions seront composées des hommes spéciaux, conseillers d'Etat, qui formeront, au sommet de chaque hiérarchie ministérielle, le conseil particulier du ministère et dont l'ensemble constituera le conseil d'Etat.

Les inspections administratives sont faites, au premier degré, par les chefs hiérarchiques dans la mesure de la surveillance qu'ils ont à exercer. Ces inspections sont permanentes comme la surveillance.

Les inspections administratives sont faites, au second degré, par les tribunaux administratifs dans l'étendue de leur ressort. Ces inspections ne doivent avoir ni dates fixes, ni périodicités déterminées; elles doivent arriver toujours à l'improviste et saisir la gestion administrative telle qu'elle se trouve dans sa marche du jour, afin d'obliger le fonctionnaire à être toujours en règle.

Chaque tribunal administratif inspecte annuellement tous les services administratifs compris dans son ressort. Le service à inspecter est désigné par le sort la veille du déplacement du tribunal.

Outre ces inspections générales, les tribunaux administratifs passent des revues spéciales toutes les fois que les rapports des supérieurs ou d'autres indices accusent la gestion d'un fonctionnaire.

Le résultat de toute inspection est l'objet d'un jugement rendu dans la forme officielle, et où des peines peuvent être formulées contre les fonctionnaires en défaut.

Les cours d'appel administratives vérifient annuellement un nombre déterminé d'inspections des tribunaux administratifs, et constatent par un jugement si ces inspections ont été complètes comme investigations, et régulières comme procédure. Ils vérifient aussi toute inspection des tribunaux administratifs contre les conclusions de laquelle des fonctionnaires ont interjeté appel.

DE L'ÉTAT DES FONCTIONNAIRES.

L'homme qui entre dans une carrière y arrive avec une dépense préalable d'études professionnelles et avec l'intention de demander à sa profession, moyennant son travail, les moyens d'existence de toute sa vie et un avenir en rapport avec le mérite dont il pourra justifier. L'emploi et la carrière du fonctionnaire sont une propriété qui doit être respectée et préservée de toute atteinte comme toute autre propriété.

Nul emploi ne doit être obtenu par la faveur de qui que ce soit, ni perdu par la défaveur de qui que ce soit. Il doit être obtenu sur examen des titres de capacité et de mérite du postulant, et il ne doit être perdu que par un arrêt motivé d'un tribunal.

L'avancement dans les hiérarchies administratives ne doit pas être livré à l'esprit d'intrigue et de népotisme, il doit être assujetti à des règles qui protégent d'une manière efficace les droits du mérite contre les manœuvres de l'intrigant qui demande à s'élever, non par son travail, mais par les moyens subalternes et immoraux du favoritisme.

Quoique condamné par la morale spéculative et par les principes du droit moderne, le favoritisme est dans les mœurs du temps et s'étale au grand jour et sans vergogne dans la pratique des choses. Ce qui est plus grave, le sentiment public n'en ressent presque aucune indignation.

Le favoritisme est délétère sous plusieurs rapports : Il foule aux pieds les droits et les intérêts des individus ; il engendre la bassesse et propage la corruption dans toutes les classes de la société ; il affaiblit la puissance économique de l'État en introduisant et en faisant grandir des incapacités dans tous ses organismes.

Le favoritisme se produira partout où un chef, un seul individu, aura le pouvoir de nommer à des emplois selon son arbitre, et pourra, par ses notes et ses propositions, exercer une influence prépondérante sur l'avenir de ses inférieurs.

Trop de gens, qui répondraient avec réserve à toute demande qui tendrait à puiser dans leur bourse, accordent, sans aucun scrupule, à leurs protégés et à leurs favoris un avancement qu'une saine justice aurait assuré à d'autres.

Il faut convenir, du reste, qu'il serait difficile à un chef, fût-il animé des meilleurs sentiments de justice, de ne jamais céder aux influences du favoritisme. Les sollicitations et les recommandations lui arrivent de tous les points, sous toutes les formes, par des voies directes et par des voies indirectes ; elles lui parviennent par les hommes et par les femmes, tantôt au nom de la parenté, tantôt au nom de l'amitié ; quelquefois elles arrivent d'un supérieur ou d'un personnage haut placé, qu'on ne sait désobliger. L'abus engendre et justifie l'abus. L'individu se dit, non sans quelque raison : la protection est un fait général et un puissant moyen de faire du bien à soi et aux siens ; chacun en cherche et en use tant qu'il peut ; pourquoi ferais-je autrement que les autres ?

Ajoutez qu'un chef, dont l'état n'est pas d'être un examinateur, n'est pas toujours compétent pour juger de la valeur de ses inférieurs, et qu'il est souvent exposé à se tromper, à mal apprécier sans mauvaise foi.

Le mal, dit-on, est réel et profond ; mais il n'y a pas de remède ; il vient des imperfections et des vices des hommes et il ne saurait être détruit par aucune réforme des institutions publiques. Ce mal ne disparaîtra que le jour où l'humanité sera parfaite.

C'est là une erreur. Ce mal peut être radicalement détruit par la réforme des institutions publiques et malgré les imperfections et les vices des hommes. Il suffit de baser cette réforme sur les deux principes suivants :

1° Les organes de la justice distributive, c'est-à-dire les organes appelés à constater les capacités et les droits des individus et à donner à chacun la place qu'il mérite dans l'organisme social, ne doivent jamais être formés d'un seul fonctionnaire, ils doivent être toujours composés de plusieurs fonctionnaires, statuant sous le nom de tribunaux, jurys, commissions d'examen.

2° La constatation des capacités et des droits des individus doit être sérieuse ; elle doit être soumise à des règles propres à obliger les organes de la justice distributive à faire un examen approfondi des sujets et à faire ressortir les titres respectifs des candidats sous la forme de quotités numériques. Les moyens d'action du favoritisme deviendront alors sans puissance. En voici les raisons :

1° En constatant les capacités et les aptitudes par voie d'examen, les mérites et les droits respectifs des candidats se trouvent déterminés avec précision par des chiffres, par des nombres de points, et l'outrecuidance de celui qui se produit et se vante ne peut en imposer à personne. Le rang de mérite de chacun devient évident par la comparaison des chiffres, et la faveur devrait aller jusqu'à l'intervention patente des rangs. La faveur qui irait jusqu'à l'intervention patente des rangs, prendrait le caractère de l'injustice évidente et avouée ; ce serait un acte frauduleux qui tombe ou qui devrait tomber sous la répression légale.

2° Quand les individus qui composent un jury sont en nombre suffisant, on ne peut se faire recommander à tous ses membres, et le droit est protégé contre la faveur par ceux qui n'ont aucune raison de commettre ou de laisser commettre une injustice au profit d'un favori.

3° Il y a beaucoup d'hommes qui ne craignent pas de violer la justice quand ils ne sont placés que sous le regard de leur conscience ; il y en a fort peu qui se décident à la violer quand ils se savent placés sous un regard étranger.

En conséquence de ce qui précède, voici les règles générales qu'il conviendrait d'adopter pour la constatation sérieuse des capacités, pour l'admission aux emplois publics et pour l'avancement dans les diverses carrières :

1° Classer les diverses professions qui constituent l'administration publique.

2° Établir dans chaque profession des programmes pour des examens de trois degrés et un diplôme spécial pour l'examen de chaque degré.

3° Classer toutes les connaissances de l'esprit humain en branches scientifiques et artistiques ; établir dans chaque branche des programmes pour des examens de trois degrés et un diplôme spécial pour l'examen de chaque degré.

4° Etablir des programmes d'examen de trois degrés pour la synthèse philosophique de toutes les connaissances humaines, et un diplôme spécial pour l'examen de chaque degré.

5° Faire rédiger des traités classiques où se trouvent parfaitement exposées les matières relatives au questionnaire de chaque examen.

6° Etablir des centres permanents d'examens où chacun puisse prendre les diplômes qui lui conviennent, sans condition préalable d'avoir suivi les cours de telle faculté, de telle école spéciale.

7° Dans chaque branche de connaissances, le diplôme du premier degré se rapporterait à des connaissances élémentaires, celui du second degré à des connaissances supérieures, celui du troisième degré à des connaissances générales.

8° Le degré de savoir du sujet serait indiqué, dans chaque diplôme, par le nombre de points qu'il a obtenus dans son examen et non par les mots *assez bien, bien, très-bien,* qui sont très-vagues et qui ne délimitent pas assez les mérites.

9° Diviser les grades, dans chaque hiérarchie spéciale en trois ordres, sous les dénominations de grades inférieurs, grades supérieurs, grades généraux, et statuer que pour être admis à un grade de premier ordre il faut au moins le diplôme des connaissances élémentaires de la profession, que pour être admis à un grade du second ordre il faut au moins les diplômes des connaissances élémentaires et des connaissances supérieures de la profession, que pour être admis à un grade du troisième ordre il faut au moins les diplômes des connaissances élémentaires, des connaissances supérieures et des connaissances générales de la profession.

10° Statuer que les diplômes des connaissances étrangères à la profession seront admis à compter dans l'établissement du rang de mérite des sujets.

11° Statuer que l'auteur d'une invention, d'un perfectionnement, d'un ouvrage scientifique faisant faire un pas à la science pourra se faire délivrer un brevet, coté en valeur par un nombre de points comme les diplômes, par un des jurys institués à l'effet de juger les œuvres de ce genre, et admettre ce brevet à concourir à l'établissement du rang de mérite de l'auteur.

12° Etablir le tableau de mérite en additionnant les points des diplômes et des brevets de chacun et classer les sujets d'après leur nombre de points.

13° Statuer que les nominations devront se faire, de droit, dans l'ordre du tableau de mérite, et que l'organe exécutif qui les décrète d'une manière officielle ne pourra en aucun cas s'écarter de cet ordre.

14° Assurer des avantages raisonnables à l'ancienneté, en statuant que chaque année de service dans chaque grade vaudra un certain nombre de points qui seront comptés au fonctionnaire dans son classement au tableau de mérite. Les points d'ancienneté partiraient de 0 dans chaque grade.

15° Il a été dit en parlant des peines applicables aux fonctionnaires par les tribunaux administratifs, qu'une de ces peines pourrait être un ralentissement d'avancement. Ce ralentissement d'avancement serait prononcé en supprimant un certain nombre de points au fonctionnaire. Le nombre de points supprimés dans une seule condamnation ne dépasserait jamais le chiffre des points attribués à une année de service, et n'entraînerait jamais la rétrogradation. Si le fonctionnaire n'avait pas d'ancienneté dans le grade on lui supprimerait les points de l'ancienneté à venir.

16° Dans chaque département ministériel une commission ou jury permanent tiendrait les dossiers de tous les fonctionnaires de la hiérarchie, dossiers où pour chacun serait consignés et inscrits, à mesure de leur production, les diplômes, les brevets, les années d'ancienneté et les points supprimés par jugement. Cette commission recevrait aussi les brevets et les diplômes des citoyens qui demanderaient à être admis à des emplois déterminés de la hiérarchie. La commission ferait ressortir le nombre de points acquis à chacun d'après ses titres et dresserait annuellement des listes de nominations aux divers emplois, en plaçant chacun au rang que ses titres lui assignent, sans établir aucune distinction entre les fonctionnaires et les postulants étrangers à la hiérarchie. Les listes de nominations seraient remises à l'organe exécutif, qui décréterait officiellement les nominations, en se renfermant dans l'ordre de ces listes.

De cette manière, l'avancement du fonctionnaire serait déterminé à chaque grade et jusqu'au sommet de la hiérarchie par le chiffre invariable des points portés sur ses divers diplômes et brevets et par le chiffre annuellement progressif de ses points d'ancienneté. Il en résulterait que celui qui se munirait de bonne heure de beaucoup de diplômes et de brevets avancerait vite et que celui qui en manquerait avancerait lentement. Ce mode d'avancement deviendrait donc un puissant stimulant de travail et une source féconde de connaissances scientifiques.

La disposition qui admet les citoyens à concourir avec les membres des hiérarchies pour tout emploi sans passer par les diverses filières inférieures peut paraître mauvaise et demande à être justifiée par quelques explications.

Les membres des hiérarchies ont sur les concurrents étrangers l'avantage considérable d'ajouter l'appoint de leur ancienneté aux autres titres qu'ils peuvent avoir dans l'établissement de leur rang de mérite. D'un autre côté, les concurrents étrangers sont tenus, comme les membres de la hiérarchie, de posséder les diplômes professionnels qui correspondent à l'emploi. En définitive la disposition dont il s'agit, tout en consacrant le principe que chaque citoyen a le droit d'entrer à tout âge et en tout temps dans une carrière, et à y occuper, dès le premier moment, telle place qui convient à son mérite, place le concurrent étranger dans une condition inférieure à celle des candidats hiérarchiques.

La justice distributive veut que chaque citoyen soit admis aux fonctions sociales à tout âge, où il peut les exercer, et qu'il puisse obtenir d'emblée une place qui ne soit pas trop au-desseus de son mérite. Un savant, riche la veille, peut éprouver le lendemain des revers de fortune qui le mettent dans la nécessité de demander son pain et le pain de sa famille à un emploi salarié. Pourquoi lui enlèverait-on cette ressource?

La justice distributive veut aussi que tout postulant obtienne de droit la place que lui assigne son mérite, sans qu'il soit obligé d'adresser des suppliques à telle ou telle puissance et sans que sa nomination puisse être empêchée ou retardée par telle ou telle autorité.

Par l'ensemble des dispositions contenues dans le système d'organisation administrative que je viens d'exposer, l'état du fonctionnaire est mis au-dessus de toute atteinte du favoritisme et soustrait aux influences des passions politiques. Le fonctionnaire entre dans la carrière par la seule force de son mérite et s'y élève uniquement en raison de son mérite; il a des garanties contre tout arbitraire de ses chefs; il ne peut perdre son emploi ni être retardé dans son avancement que par arrêt d'un tribunal. Son indépendance est complète; il n'a rien à espérer ni rien à redouter de la faveur ou de la défaveur de tel ou tel homme, de tel ou tel pouvoir politique, et, par conséquent, il n'a jamais raison de leur faire le sacrifice de sa dignité d'homme ou de ses convictions de citoyen. Et qu'on le remarque bien, la complète indépendance du fonctionnaire n'exclut à aucun degré sa complète subordination. Le fonctionnaire insubordonné serait celui qui, dans l'ordre des devoirs de sa fonction, n'obéirait pas à ses chefs ou qui s'écarterait volontairement des prescriptions réglementaires; on a vu avec quelle sévérité je demande qu'on frappe ce fonctionnaire. Le fonctionnaire indépendant est celui qui, sur présentation légale des titres de mérite exigés, entre de droit dans une carrière, s'y élève, de droit, aux plus hauts emplois, indépendamment du bon et du mauvais vouloir des gouvernants, et dont les gouvernants ne peuvent en aucune manière ni sous aucun prétexte compromettre arbitrairement la position.

INFLUENCE QUE L'ÉTAT DU FONCTIONNAIRE EXERCE SUR L'ÉTAT POLITIQUE ET SUR L'ÉTAT MORAL DE LA SOCIÉTÉ.

Un fait de la plus haute importance et qu'on ne remarque pas assez est celui-ci :

C'est qu'il y a relation, et relation de cause à effet entre l'état des fonctionnaires et l'état politique et moral de la société.

Je regarde comme des lois incontestables les propositions suivantes :

1° Des fonctionnaires indépendants des hommes du pouvoir assureront l'indépendance politique de la société.

2° Des fonctionnaires assujettis aux hommes du pouvoir produiront l'asservissement politique de la société.

De plus, comme l'indépendance est source de dignité et l'assujettissement source de bassesse, je tiens encore pour des lois incontestables les propositions suivantes :

1° Des fonctionnaires indépendants moraliseront la société.

2° Des fonctionnaires assujettis corrompront la société.

En effet, les fonctionnaires sont les molécules constitutives de l'organisme social; telles seront les molécules, tel sera cet organisme; et, pour la société comme pour l'homme, l'organisme transmet ses virtualités au corps et constitue la qualité de l'être.

On se plaint que les hommes en possession du pouvoir transforment les fonctionnaires en agents de leur politique et exercent par ce moyen une action irrégulière et abusive sur la société.

Rendez les fonctionnaires indépendants, de manière à ce qu'ils ne soient pas obligés de partager ou de faire semblant de partager les idées politiques du gouvernement, sous peine de défaveur et même de disgrâce; faites que les fonctionnaires, en dehors des devoirs essentiels de leurs fonctions, aient la liberté de leurs opinions comme les autres citoyens, et ils cesseront d'être des collecteurs de votes et des propagateurs de consignes et d'influences ministérielles. Mais ils seront cela et ils seront forcés d'être cela tant que leur position dépendra de la faveur ou de la défaveur des gouvernements.

On se plaint de la démoralisation publique.

Rendez les fonctionnaires indépendants et habituez-les à tout demander et à tout devoir à leur mérite, et ils cesseront de donner au public les funestes exemples des prévenances et des condescendances serviles, des marchés honteux de conscience et des apostasies politiques. Ils seront alors dignes, et le spectacle de leur dignité influera d'une manière heureuse sur les mœurs publiques.

Certains publicistes ne voyant pas que la liberté politique ne peut être basée que sur l'indépendance et la liberté des fonctionnaires, veulent la fonder sur la décentralisation.

La décentralisation peut s'entendre dans le sens des attributions législatives et dans le sens des attributions exécutives.

Décentraliser dans le sens des attributions législatives, c'est rompre l'unité, c'est constituer une foule de petits Etats dans l'Etat, c'est reculer jusqu'au fédéralisme. Une telle décentralisation, c'est la désorganisation, c'est cesser d'avoir la loi une et égale pour tous les individus et pour tous les intérêts de la société.

La décentralisation dans le sens des attributions exécutives, c'est-à-dire celle qui assurerait l'exécution locale de la loi centrale et qui dispenserait de l'autorisation préalable du pouvoir central et des longueurs bureaucratiques qu'elle entraîne pour agir dans les divers cas particuliers serait seule utile ; mais une telle décentralisation ne fonderait pas la liberté politique là où elle n'existe pas et où elle n'est pas garantie par d'autres institutions.

L'histoire offre cet enseignement que tous les partis politiques réclament les libertés publiques quand ils sont dans l'opposition et les refusent quand ils sont au pouvoir. C'est une preuve expérimentale que, pour les avoir, il faut les demander à la sagesse des institutions et non à la libéralité des détenteurs du pouvoir.

L'état politique et moral de la société dépend de l'état du fonctionnaire sous un autre rapport.

Les luttes ardentes de l'opposition contre le gouvernement agitent la société et produisent quelquefois des crises gouvernementales ou des révolutions qui troublent profondément l'ordre économique. Entre les hommes de l'opposition et les hommes du gouvernement il y a souvent une divergénce réelle de principes et d'idées, mais il y a toujours une divergence d'intérêts, un enjeu matériel, de hauts emplois et de brillantes carrières. Pour beaucoup d'hommes, — je me garde bien de dire pour tous, — cet enjeu est un puissant stimulant d'opposition, et leur opposition est d'autant plus systématique que leur ambition a plus à espérer d'un revirement politique et moins à espérer de l'état de choses existant.

Si l'état des fonctionnaires, à tous les degrés des hiérarchies, était invariable et tel qu'après comme avant un revirement politique, nul ne pût espérer d'obtenir des emplois et des avancements pour lui ou pour les siens autrement que par la production légale des titres de mérite exigés, le mobile intéressé des oppositions disparaîtrait. Il ne resterait plus que le mobile élevé de l'intérêt public. Les oppositions basées sur ce dernier mobile se montreraient plus loyales et plus justes, et provoqueraient moins de troubles. La tranquillité publique serait plus grande et les mœurs politiques deviendraient plus pures.

Il faut ajouter que du moment où les hauts et petits emplois, les brillantes carrières et les carrières modestes seront le prix des luttes scientifiques et non des luttes politiques, du mérite éprouvé et non de la faveur mendiée, chacun, au lieu de solliciter par toutes les voies et de tendre la sportule à toutes les portes, se livrera à l'étude, et il y aura par là, dans tous les rangs de la société, progrès de savoir et de sentiments d'honneur.

Le passage d'un état de choses à un autre est toujours difficile et demande à être exécuté avec tous les ménagements que méritent les intérêts existants. Une réforme des règles d'admission aux emplois et des règles d'avancement, comme celle que je viens d'indiquer, ne saurait concerner la génération qui se trouve déjà engagée dans la pratique de la vie et des affaires publiques, parce que cette génération ne peut se remettre à l'école pour obtenir des diplômes et des brevets. Une telle réforme ne peut être réalisée qu'en statuant que les nouvelles règles d'avancement et d'admission aux emplois publics seront applicables à tous les individus qui n'auraient pas vingt et un ans accomplis le 1er janvier dè telle année.

On prendrait d'ailleurs telles dispositions provisoires qu'il conviendrait pour assurer un part équitable d'emploi et d'avancement au personnel de chaque système.

TABLE

www.ingramcontent.com/pod-product-compliance
Ingram Content Group UK Ltd.
Pitfield, Milton Keynes, MK11 3LW, UK
UKHW020029100726
13658UKWH00003B/1196